WANDERATLAS

Masserberg – Oberes Waldgebiet

Reiner Ehrhardt / Renate Gauß / Horst Golchert

VEB Tourist Verlag Berlin · Leipzig

Die einleitenden Kapitel zur Geomorphologie, Klima und Wetter, Geologie sowie Flora und Fauna schrieb Dr. rer. nat. Reiner Ehrhardt, Masserberg. Den ornithologischen Überblick verfaßte Sabine Oesterle, Eisfeld, und den historischen Überblick sowie die Ortsdarstellung von Eisfeld Renate Gauß, Eisfeld. Die Stadtrundgänge von Hildburghausen und Schleusingen stammen von Margarete Baumgart, Grimmelshausen, und Ursula Gramlich, Schleusingen. Für die übrigen Ortsdarstellungen sowie die Wanderungen zeichnet Horst Golchert, Masserberg, verantwortlich.

Umschlagbilder:
Titelseite: Werrateich
4. Umschlagseite: Sandberg

Fotos: Werner Hoffmann, Oelsnitz (S. 28);
Günter Kirchner, Sachsenbrunn (Titelseite, S. 9, 14, 24, 25, 32, 38, 52, 57);
Rainer Lörtzing, Hildburghausen (S. 11, 23, 27, 33, 56);
Hans Schimmack, Suhl (S. 19, 21, 22, 28, 48);
Lothar Wendel, Leipzig (4. Umschlagseite, S. 4, 6, 41, 42).

Ehrhardt, Reiner:
Masserberg – Oberes Waldgebiet / Reiner Ehrhardt ; Renate Gauß ; Horst Golchert. –
2., durchges. Aufl. – Berlin ; Leipzig : Tourist Verl., 1989. –
64 S.: 25 Farbfotogr., 11 Textkt. – (Wanderatlas)

ISBN 3-350-00236-6

2. Auflage 1989

Lizenznummer: 1002/550/91/89; TVG 031-7054
LSV 5159
Lektor: Ingeborg Wendel
Redakteur: Kerstin Schilling
Umschlaggestaltung: Rainer Preussner
Printed in the German Democratic Republic
Satz: (140) Druckerei Neues Deutschland, Berlin
Druck: VEB Kartographischer Dienst Potsdam
Buchbinderische Verarbeitung: Druckerei Volksstimme Potsdam
Bestellnummer: 596 656 2
00470

Wandergruppe

Einleitung

Wo der Rennsteig, der Höhenweg des Thüringer Waldes, die Quell- und Einzugsgebiete der Werra und Schleuse von denen der Schwarza trennt, befindet sich die Nordostgrenze eines landschaftlich reizvollen Erholungsgebietes. Es wurde besonders entsprechend der Beschlüsse des VIII. Parteitages der SED (1971) zur Politik der Einheit von Wirtschafts- und Sozialpolitik für Urlauber und Touristen erschlossen.
Diese Landschaft mit ihren ausgedehnten Wäldern, herrlichen Bergwiesen und gut ausgebautem Wegenetz sowie gepflegten Ferienorten, hat durch den Zusammenschluß von 12 Ortschaften zur besseren Betreuung der Urlauber in dem Gemeindeverband „Oberes Waldgebiet" des Kreises Hildburghausen ihren Namen erhalten.
Moderne Heime des FDGB-Feriendienstes, viele Erholungseinrichtungen von Betrieben und Institutionen sowie ein breit gefächertes kulturelles Angebot, interessante und abwechslungsreiche sportlich-touristische Veranstaltungen wollen den jährlich 135000 Urlaubern und 500000 Naherholungsuchenden gerecht werden.
Die schneesichere Lage der Erholungsorte des Kammgebietes, insbesondere der Orte Masserberg, Schnett, Waffenrod-Hinterrod, garantiert günstige Möglichkeiten eines aktiven erholsamen Winterurlaubs. Das wird durch die Anlage von Pisten und Loipen sowie durch Ausbau von Ausleihstationen für Wintersportgeräte und das Vorhandensein zahlreicher Skilifte unterstützt.
Der Wanderatlas will dieses Landschaftsgebiet bekannt machen. Er stellt darüber hinaus die drei Städte Südthüringens, die Kreisstadt Hildburghausen sowie Eisfeld und Schleusingen vor, über die man mit Bahn und Bus die Erholungsorte des Gemeindeverbandes „Oberes Waldgebiet" erreichen kann. Sie sind nicht nur ökonomische bzw. administrative Zentren, sondern mit ihren interessanten Museen und kulturgeschichtlichen Denkmälern auch lohnenswerte Ausflugsziele.

Zur Geomorphologie

Das Obere Waldgebiet des Kreises Hildburghausen wird durch den Nordwestteil des **Thüringer Schiefergebirges** gebildet und grenzt sich daher in der geologischen Struktur deutlich vom eigentlichen Thüringer Wald ab, dessen Gesteine lediglich durch die Masserberger und Crocker Scholle bzw. Oberwinder Senke repräsentiert werden.
Die von steilen und tiefen Kerbtälern **zerklüftete Hochfläche** (Schwarzatal, Bibergrund, Schleusegrund, Saargrund u. a.) ist durch breite, massige Berge charakterisiert, die nur wenig aus dieser herausragen. Die **höchsten Erhebungen** des Gebietes sind Eselsberg (841 m), Pechleite (839 m), Fehrenberg (835 m) und Hohe Heide (832 m). Sie werden noch übertroffen durch den Großen Farmdenkopf (867 m), das Kieferle (868 m) und den Bleßberg (866 m) in südlicher bzw. südwestlicher Richtung.
Die **bedeutendsten Wasserläufe** bilden Werra und Schleuse westlich und Schwarza östlich des Rennsteigs. Die Werra, gleichzeitig ein Quellfluß der Weser, entspringt an der Köpflesgrube zwischen Sommer- (800 m) und Zeupelsberg (759 m). Zeitweise wurde die Quelle der Saar unweit des Ortes Siegmundsburg (823 m) als Hintere Werra bezeichnet.
Der Dreistromstein in der Nähe der kleinen Waldgemeinde Friedrichshöhe, Kennzeichen eines der bedeutendsten hydrographischen Punkte Mitteleuropas (817 m), symbolisiert die Zuflußgebiete von Weser, Elbe und Rhein in deren weitesten Verästelungen. Werra, Saar, Biber und Schleuse bilden in süd- bis nordwestlicher Richtung einen Teil des Einzugsgebietes der Weser, während die Gewässer südlich des Rennsteigs in die Rodach, Teuschnitz, Steinach oder Itz einmünden und damit zum Einzugsgebiet des Mains gehören. Wir erkennen die Zuflüsse der Schwarza in nördlicher Richtung. Der Schleusequellfächer liegt, wie der der Werra, in der Nähe des Rennsteigs, in einer der niederschlagsreichsten Zonen des Schiefergebirges zwischen dem Dreiherrenstein (811 m) bei Neustadt und dem Eselsberg (841 m) bei Masserberg.
Ein Teil der Einzugsgewässer vereinigt sich in unmittelbarer Nähe **Schönbrunns** zu einer **Trinkwassertalsperre**, die sich mit einer Fläche von rund 100 ha reizvoll in die Mittelgebirgslandschaft einfügt. Talsperrenbereich und das sich in nördliche Richtung anschließende NSG „Oberlauf der Gabeltäler" zwischen Großem Burgberg (818 m), Morast (830 m) und Hinterem Arolsberg (783 m) sind lohnende Ausflugsziele, zumal mit den Ausflugsgaststätten „Dreiherrenstein" und „Schönbrunner Berghütte", von der man übrigens einen herrlichen Blick in die Täler mit den malerisch gelegenen Zeilendörfern genießen kann, Möglichkeiten für eine angenehme Rast gegeben sind.
Die Schleuse verläßt die Talsperre Schönbrunn, nimmt in Biberau (Ortsteil Lichtenau) die Biber auf, durchfließt die Orte Waldau und Oberrod, um sich bei **Ratscher** in ein Rückhaltebecken zu ergießen, das auf verschiedene Weise genutzt wird, z. B. als Hochwasserschutz, für die Fischwirtschaft, zur Bewässerung von Feldern und für Erholungszwecke. Im Naherholungszentrum ist Badebetrieb möglich; man kann auch eine zünftige Bootsfahrt oder das Windsurfen unternehmen.
Bei Schleusingen, einer liebenswerten Kleinstadt, vereinigen sich Erle und Nahe und Schleuse. Das schon recht ansehnliche Flüßchen rauscht durch **Kloster Veßra**, Sitz des Agrarhistorischen Museums des Bezirkes Suhl, und mündet in die Werra ein.
Einen umfassenden Überblick über das Erholungsgebiet gewinnt man nach einem Aufstieg auf die **Rennsteigwarte** bei Masserberg, dem einzigen Aussichtsturm (29 m) direkt am Rennsteig. Die Turmbaude, eine mit dem Diplom für Thüringer Gastlichkeit ausgezeichnete Gaststätte, lädt zum Verweilen ein, um frisch gestärkt den Abmarsch antreten zu können.

Zum Klima und Wetter

Die Lage des Gebirges und die Höhenunterschiede der einzelnen Erholungsorte bedingen mehr oder weniger große klimatische Abweichungen. Jedoch kann man mit relativ großer Sicherheit auf folgende Witterungsregelfälle schließen:
1. Die **Temperaturen** werden durch eine Phase der Erwärmung zu Jahresbeginn, die durch Hochwinter Mitte Januar abgelöst wird, einen Nachwinter Mitte Februar mit nachfolgender Frühjahrserwärmung mit einzelnen Kälterückfällen (Ende Februar,

Bei Schnett

Anfang März); Jahreshöchstwerte im Juli, schwach ausgeprägte Spätsommer- und Frühherbstphasen, eine stärker wirksame Mittelherbsterwärmung, spürbare Erwärmung Ende November, den antizyklonalen Frühwinter um die Weihnachtstage und das meist einsetzende kurzfristige Weihnachtstauwetter bestimmt.

2. Die **Niederschlagsmengen** sind starken Schwankungen unterlegen und erreichen ihr Minimum Mitte Januar, Ende Februar, Mitte März bzw. April und Mai, im Spätsommer, sowie wenige Tage vor Weihnachten. Hervorgerufen durch die Stauwirkung des Gebirges treten Niederschlagsmengen von über 1200 mm im Kammgebiet auf. Ausschlaggebend ist die Richtung des Gebirges und der Gebirgstäler zu den Hauptregenrichtungen SW und W.

Auf der Leeseite (windabgekehrte Seite) nimmt die Niederschlagsmenge mit zunehmender Entfernung vom Gebirgskamm beträchtlich ab. Es überwiegen die Winterniederschläge im Luv- (dem Wind zugekehrte Seite) und die Sommerniederschläge im Leegebiet.

3. In den Kammlagen tritt mit 7,2 Zehnteln der höchste **Bedeckungsgrad** der jährlichen **Bewölkung** auf. Dieser sinkt im Luvgebiet (Oberes Waldgebiet) mit 7,0 geringfügig ab und erreicht jenseits des Rennsteigs beträchtlich geringere Werte.

4. Die Anzahl der **Nebeltage** im Jahr steigt von 40 im Vorland auf 100 in Höhenlagen um 600 m und erreicht in der Kammregion mit 150 das Maximum. In den Wintermonaten kommt es bei Schönwetterlagen mit klarem Strahlungswetter zu Temperaturinversionen, wobei die Sonnenscheindauer in größeren Höhen deutlich über der der Täler und des Vorlandes liegt. In dieser Zeit hat der Fotofreund Gelegenheit, die Berge als Inseln im Nebelmeer auf den Film zu bannen, als Dokumentation einer herrlichen und ungewöhnlichen Fernsicht.

5. **Schneefesteste Lagen** sind die Kammgebiete rund um Masserberg. Die südlichen Gebirgsteile (Werra- und Schleusegebiet) sind kälter und schneereicher als die nördlichen (Schwarzatal). Ursachen sind die Stauwirkung des Gebirges und die Föhnwirkung des Thüringer Waldes. Für den Wintersportler ist es interessant, daß die Anzahl der Schneedeckentage in Thüringen um 13 auf 100 m Höhengewinn zunimmt bzw. bei einer Temperaturabnahme von 0,4 °C je 100 m Höhe 5 bis 6,5 Tage mit Schneefall hinzukommen. Der motorisierte Urlauber muß urplötzlich mit winterlichen Straßenverhältnissen rechnen.

Zur Geologie

Die Karte dokumentiert den nordwestlichen Teil des Schwarzburger Sattels, den geologisch ältesten Teil des Thüringer Mittelgebirges, der sich durch seine Struktur deutlich vom eigentlichen Thüringer Wald abgrenzt und zum Thüringischen Schiefergebirge zählt. Dieses besteht aus Sedimenten des Präkambriums, Kambriums, Ordoviziums, Silurs, Devons und Unterkarbons, die als Kernzone, als Katzhütter, Goldisthaler, Frauenbach-, Phycoden- und Gräfenthaler Schichten ausgewiesen werden.

Sedimente der Rotliegendzeit (Gesteine des Thüringer Waldes) findet man als Sandsteine, Konglomerate und Porphyre im Bereich der Masserberger Scholle, der Biberschläger Mulde und der Schleusinger Randzone.

Zechstein und Buntsandstein als Bestandteile jüngerer Deckgebirge sind als Reste im Raum Scheibe–Alsbach und zusammen mit Muschelkalk (Schaum- und Wellenkalk) am Rande der Hauptverwerfungslinie, im Gebiet Eisfeld–Crock–Sachsenbrunn, nachweisbar.

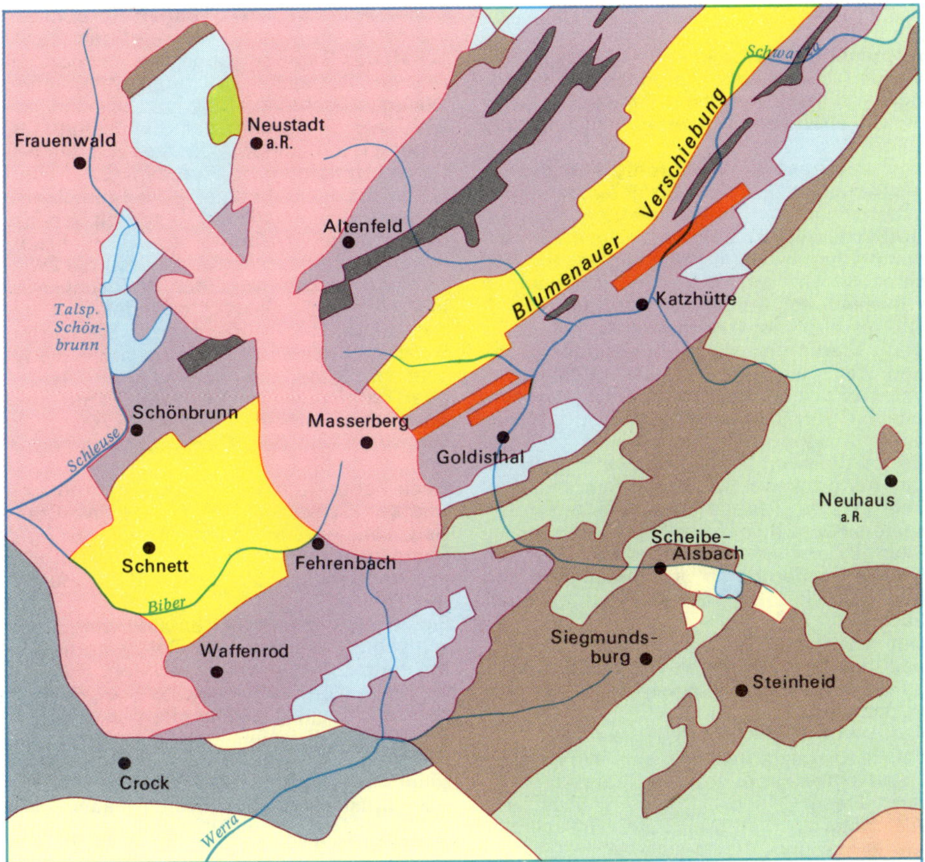

Geologische Übersicht

Trias
- Buntsandstein
- Muschelkalk

Perm
- Rotliegendes
- Granit variscisch

Ordovizium
- Gräfenthaler Serie
- Phycoden-Serie
- Frauenbach-Serie

Kambrium
- Granit prävariscisch
- Goldisthaler und Mellenbacher Schichten einschl. Basisquarzit

Proterozoikum
- Katzhütter Schichten
- Kieselschiefer
- Kernzone

1:200 000

(nach W. Hoppe und G. Seidel)

Zur Flora

Ausgedehnte Wälder, Bergwiesen und Weiden bieten dem Touristen mannigfaltige Möglichkeiten, die landschaftlichen Schönheiten kennenzulernen und sich aktiv zu erholen.
Vorherrschend sind **Fichtenforste**, die um die Mitte des 18. Jh. die bis dahin den Landschaftscharakter bestimmenden Tannen-Rotbuchenwälder ablösten. Diese Fichtenvorkommen treten in Abhängigkeit von den klimatischen und Bodenverhältnissen in verschiedenen Erscheinungsformen auf.
Die oft wipfellose **Kammfichte** mit geringem Stammumfang und geringer Höhe und dem englumigen Holz gedeiht auf nährstoffarmen Standorten unter ungünstigen Witterungsbedingungen. In der **Krautschicht** findet man hauptsächlich Arten des natürlichen Bergfichtenwaldes: Wolliges Reitgras, die Sparrige Binse, den Rippen- und Berglappenfarn sowie den durch seine siebenzähligen weißen Blüten auffälligen Europäischen Siebenstern. Lichtere Stellen werden durch die Heidelbeere und den gelbblühenden Wiesenwachtelweizen besiedelt.
Der artenarme, aber moosreiche Fichtenbestand, der **Gabelzahn-Fichtenforst** wird durch das Gabelzahnmoos, ein Laubmoos, gekennzeichnet.
Auf nährstoffreicherem Ausgangsgestein der Hanglagen entwickeln sich **Waldsauerklee-Fichtenforste** mit den Charakterpflanzen: Frauen- und Dorniger Wurmfarn, Waldreitgras, Haingreiskraut, Traubenholunder und dem Waldsauerklee.
Der **Farn-Sauerklee-Fichtenforst** besticht durch die hervorragende Wuchsleistung der Gemeinen Fichte oder Rottanne.
Oftmals trifft der Wanderer auf **Schlagfluren**, wie die **Weidenröschen-Schlaggesellschaft**, mit ihrem Massenvorkommen von Staudenfeuerkraut, Greiskraut und dem stattlichen Roten Fingerhut. Die purpurnen bzw. gelben Kronblätter der genannten Pflanzen ergeben ein farbenprächtiges Bild.
Die Fichtenforste werden nur gebietsweise von Laubwäldern, vor allem **Rotbuchenwäldern**, unterbrochen. Hier gedeihen anspruchsvollere Pflanzen, wie der Waldmeister, das Buschwindröschen, der Waldschwingel, das einblütige Perlgras und die Ährige Teufelskralle. Die jetzigen Buchenforste ähneln natürlichen **Zahnwurz-Rotbuchenwäldern** bzw. **Tannen-Rotbuchenwäldern**, die früher der hiesigen Landschaft das Gepräge gaben. Die standortheimische Rotbuche in ihrem natürlichen Waldgesellschaftsgefüge zu erhalten, ist eine der Aufgaben der Landschaftsforschung und des Naturschutzes mit den Naturschutzgebieten „Farmdenkopf" und „Oberlauf der Gabeltäler". Die spärlich entwickelte **Strauchschicht** vermittelt den Eindruck eines Hallenwaldes. Die **Krautschicht** wird hauptsächlich durch die Zwiebeltragende Zahnwurz, den Waldschwingel und das Haingreiskraut gebildet. Auf bodensauren, nährstoffärmeren Standorten findet man die Drahtschmiele sowie die typischen Arten der bodensauren Heidelbeer-Tannenmischwälder. Die Farne sind durch den Gemeinen Wurmfarn, Dornigen Wurmfarn und den Waldfrauenfarn vertreten.
Auch heute kommen neben der Rotbuche und der Gemeinen Fichte noch **Weißtannen** vor, ergänzt durch Bergahorn und Eberesche. Die Weißtanne findet man hier an ihrer absolut nördlichsten Verbreitungsgrenze.
Einige Waldgesellschaften sind wegen des schlechten Wuchses der Rotbuche in **Kiefernforste** umgewandelt worden, die sich hauptsächlich im Gebiet Waldau–Lichtenau als Ersatzgesellschaften artenarmer Eichen- und Buchenmischwälder befinden. Hier herrschen Arten vor, die ihren Verbreitungsschwerpunkt auf sauren, feuchten bis mäßig trockenen Standorten haben, wie Drahtschmiele, Heidelbeere, Rotstengelmoos, Heidekraut und Arten der Säulen-, Becher- und Rentierflechten.
Die Talsohlen unserer Kerbtäler besitzen noch Reste der **schwarzerlenreichen Bruchwälder**, die auf ganzjährig nassen Standorten stocken. Weniger nasse Standorte werden von kleinflächigen **Erlen-Eschenwäldern** der Flußauen und Bäche besiedelt.
Bekannt sind die **Bergwiesen** wegen ihrer Farbenpracht. Vor allem die **Goldhaferwiese** mit dem Goldhafer, einer Süßgrasart, dem violettblühenden Waldstorchschnabel, den gelben Blüten des Tüpfel- bzw. Kantenhartheus, auch Johanniskraut genannt, den violetten bzw. blauen Blütenkörben der Perücken- und Scabiosenflockenblume sowie den weißgelben Blütenkörben der Weißen Wucherblume erfreut das Auge. Auffällig ist ebenfalls die

Schönbrunner Talsperre

Feinblättrige Bärwurz, ein in großen Mengen vorkommendes Doldengewächs.
Die **Borstgrasrasen** als artenarme Pflanzengesellschaften saurer Magerböden werden durch den Rotschwingel, auf frischen Silikatmagerrasen bzw. wechseltrockenen Moorwiesen durch den Bergwohlverleih* mit seinen leuchtend goldgelben Blütenkörben, durch das Steife Borstengras und teilweise durch die bunten Blüten der Bergplatterbse charakterisiert.
Die **Feucht- und Naßwiesen** sind im Frühjahr mit ihren zitronen- bis goldgelben Kronblättern der Trollblume* und die rötlichweißen dichtwalzigen Scheinähren des Schlangenknöterichs eine Augenweide.
Einige Sonderstandorte ebener Lagen und wasserundurchlässiger Böden sind **Hochmoore**, die durch Binsen- und Seggenarten, durch das Scheidige Wollgras, das Wollige Reitgras, den Europäischen Siebenstern und den Waldschachtelhalm sowie Torfmoose gekennzeichnet sind. Hat man Glück, kann man dort die seltene rosa oder weiß blühende Rosmarinheide, die rosa blühende und rot fruchtende Moosbeere und die weißlich blühende Rausch- oder Trunkelbeere finden.

* unter Naturschutz

Zur Fauna

Die imponierendsten Vertreter unserer Wälder sind zweifellos die **Rothirsche**. Neben der Körpergröße fallen die dunkle Halsmähne und das Geweih des männlichen Tieres sowie dessen beeindruckendes Röhren während der Brunft (Paarungszeit), Mitte September bis Mitte Oktober, besonders auf. Zur gleichen Familie zählt das **Reh**. Es präsentiert sich, je nach Jahreszeit, mit einem gelb- bis rotbraunen Sommer- bzw. einem stumpfen, graubräunlichen Winterfell. Rehkitze sind nicht selten im frischen Grün der Bergwiesen zu finden. Es ist nicht gestattet, diese zu berühren, da sie dann oft vom Muttertier (Ricke) verlassen werden und kaum eine Überlebenschance besitzen. Als europäisches Wildschaf wurde das **Mufflon** aus den Beständen Korsikas und Sardiniens in unser Gebiet eingebürgert. Beeindruckend sind die Kreisbogenhörner mit Querwülsten (Schnecken) der bis zu 50 kg schweren Widder (männliche Tiere).
Während die bisher genannten Vertreter zur Gruppe der Wiederkäuer gehören, rechnet man das **Wildschwein** zu den nicht wiederkäuenden Paarhuftieren. Die rauhborstige, graubraunschwärzliche, gelb

untermischte Behaarung gab diesem auch den Namen Schwarzwild. Dieses lebt in Rotten, denen sich nur in der Paarungszeit (Rauschzeit) die starken Keiler (männliche Tiere) mit ihren starken Eckzähnen (Hauern) zugesellen. Gereizt oder verwundet sind die erwachsenen Tiere nicht ungefährlich.
Aus der Ordnung heimischer Raubtiere sei der **Rotfuchs** hervorgehoben. Er wird wegen seines prächtigen und wertvollen Winterfelles geschätzt, aber als Überträger der Tollwut gefürchtet und verfolgt. Vor zutraulichen und „zahmen" Füchsen sei daher mit Nachdruck gewarnt. Ein weiterer Tollwutüberträger ist der **Marder- oder Waschbärhund**, der sich von Japan über den asiatischen Kontinent bis Mitteleuropa verbreitet hat und sich nach Aussagen einiger Jäger in unserem Gebiet aufhalten soll.
Aus der Familie der Marder kommen der kulturfolgende **Steinmarder** und der kulturflüchtende **Baummarder** vor, die sich hauptsächlich durch ihren weißgegabelten bzw. gelben bis rotgelben Kehlfleck unterscheiden. Zu den Mardern zählt man auch das **Große Wiesel**, das **Mauswiesel** und den **Waldiltis**, der als Wander- und Hausrattenvertilger, aber auch als Geflügeldieb bekannt ist.
Auf ausgerottete Raubtiere weisen heute noch Flurnamen hin, wie Bärenfalle, Wolfsloch, Dachsbach u. a.
Von den Kleinsäugern sind **Wald-* und Zwergspitzmaus*** als Vertreter der Spitzrüßler erwähnenswert.
Im Vorgebirge ist die **Haselmaus*** aus der Familie der Schläfer anzutreffen.
Von den Amphibien fallen besonders die mit gelber Fleckenzeichnung vorkommenden nacht- und regenwetteraktiven **Feuersalamander***, der **Bergmolch*** mit blaugrauen bzw. schwarzblauen Flanken und gelboranger bis orangeroter Bauchseite und die grau-, gelb- oder braungetönte **Erdkröte*** auf.
Von den Reptilien trifft man häufig die **Wald-* und Zauneidechse*** und die im Gebiet kupferfarbige, durch einen drehrunden Körper sowie durch bewegliche Lider verschließbare Augen von den Schlangen unterscheidbare **Blindschleiche**.
Von großer Artenvielfalt ist die Klasse der Insekten. Besonderer Aufmerksamkeit erfreuen sich die **Schmetterlinge**, die wir in ihrer Formenvielfalt zumeist nur noch auf schwerzugänglichen Hanglagen und Bergwiesen vorfinden. Relativ häufig sind **Distelfalter***, gelbrot, schwarzgefleckt und geadert, **Tagpfauenauge*** mit samtigbrauner Oberfläche und einem großen bunten Fleck (Pfauenauge) am Vorderwinkel aller Flügel, der **Kleine Fuchs*** oder Nesselfalter mit gelbroter Grundfarbe und einer Reihe blauer Mondflecken vor dem Saum, der **Große Fuchs***, fuchsfarben mit einem großen und einem kleinen Fleck am Vorderrand der Vorderflügel, der **Dukatenfalter***, feurig goldrot mit schwarzem Saum und der **Zitronenfalter***, zitronengelb mit orangerotem Mittelfleckchen auf jedem Flügel. Seltener sind **Schwalbenschwanz***, Vorderflügel schwarzgelb gekennzeichnet, Hinterflügel mit bläulicher Binde und leuchtend rotem Augenfleck, bogig gezahnt mit schwanzartiger Spitze, der **Admiral***, samtig schwarzbraun mit ziegelroter Binde, der **Trauermantel***, dunkelsamtbraun mit schwefelgelbem Saum und einer Reihe blauer Flecken auf schwarzem Grund, sowie der **Kaisermantel***, ockergelb mit schwarzbraunen, meist runden Flecken auf den Vorderflügeln.
Von den **Laufkäfern** seien genannt **Goldglänzende Laufkäfer**, goldgrün mit schwarzen Längsrippen, der **Blaue Laufkäfer**, der **Bergwaldlaufkäfer**, bronze-, kupferfarbig oder grün und die **Goldleiste**, mattschwarz mit goldigpurpurfarbigem Außenrand der Flügeldecken.
Im Winter fallen die flügellosen **Springschwänze**, die dunkelbronzegrünen **Schneeflöhe** und die flügellosen **Schneefliegen** an Tagen mit hoher Luftfeuchtigkeit und Temperaturen um den Gefrierpunkt auf.

Zur Ornithologie

Wandert oder fährt man aus dem Vorland des Schiefergebirges in Richtung Gebirge, so durchquert man zuerst ein Stück Landschaft, in dem Felder und Waldstreifen miteinander wechseln.
Vom Herbst bis zum Frühjahr sieht man auf den Feldern oft riesige **Saatkrähen**- und **Dohlen**schwärme, die als Gäste aus dem östlichen Europa bei uns überwintern. Heimische Dohlen brüten u. a. an Schloß und Kirche von Eisfeld. Die Rabenkrähe befin-

* unter Naturschutz

Bei Einsiedel

det sich das ganze Jahr im Gebiet und brütet vor allem in Wäldern.
Auf landwirtschaftlichen Nutzflächen ist die etwa sperlingsgroße **Feldlerche** besonders häufig. Ihr minutenlang trillerndes Lied trägt sie in steil hochführendem Singflug vor. Sie fehlt auch nicht in unbewaldeten höheren Lagen, meidet aber enge Gebirgstäler.

Aus dem Gebüsch der Waldränder, Hecken und Wege tönt uns das eintönige Lied der **Goldammer** entgegen, etwa wie „didididi – dieh" klingend. An Hecken und Waldrändern kann man den **Rotrückenwürger (Neuntöter)** beobachten. Er sitzt gern frei auf Strauchspitzen und stürzt sich von da auf die erspähte Beute, vorwiegend Insekten oder kleine Wirbeltiere, die er oft auf Dornen spießt. Bereits Ende März hört man Rotkehlchen und Heckenbraunelle aus dekkungsreichen Unterholzlagen. Der Gesang des **Rotkehlchens** ist ein etwas schwermütig klingendes Lied, bestehend aus Flötentönen und perlenden Trillern. Die **Heckenbraunelle** bevorzugt Fichtenjungwuchs und sieht dem Sperling sehr ähnlich, hat jedoch einen schlankeren Schnabel. Im Unterholz, aber auch an buschreichen Wald- und Wegrändern, in Gärten und Friedhöfen erklingen vor allem im Mai/Juni die klangschönen Lieder der **Mönchs**- und **Gartengrasmücke**. Die Mönchsgrasmücke ist grau, das Männchen hat eine schwarze, das Weibchen eine rotbraune Kopfplatte. Der Gesang beginnt mit einem schwächeren Gezwitscher und endet mit einer lauten Flötenstrophe. Der Gesang der graubraunen Gartengrasmücke ist eine lang anhaltende Folge sprudelnder Flötentöne. Die **Zaungrasmücke** mit ihrem klappernden Liedchen hält sich mehr in den Hecken und Gärten der Dörfer auf. Sie hat ein graues Federkleid mit weißer Kehle.
Sowohl im Vorland als auch im Schiefergebirge sieht man während des ganzen Jahres mehrere **Meisenarten**: die Kohlmeise in Wäldern, Gärten und Ortsbereichen, die Blaumeise in Gärten, Laub- und Mischwäldern. Tannen- und Haubenmeise bewohnen Misch- und Nadelwälder bis in die Kammlagen. Dabei ist die **Tannenmeise** mit dem weißen Nackenfleck die häufigste und kann als Charaktervogel der Fichtenwälder bezeichnet werden. Zur Brutzeit hört man oft die aneinandergereihten „Wida-wida"-Rufe der Männchen. Die sich ähnelnden Sumpf- und Weidenmeise sind weniger häufig.
In Straßenbäumen fällt manchmal der bunte **Stieglitz** mit seinem rot-weiß-schwarzen Köpfchen auf. Er sucht vor allem Disteln wegen ihres Samens auf. Überall ist der **Buchfink** anzutreffen, den wohl jeder an seinem schmetternden Schlag erkennt. Etwas heimlicher ist zur Brutzeit der **Gimpel**. Bei ihm sind Kopf, Flügel und Schwanz schwarz, die Brust beim Männ-

chen leuchtend rot, beim Weibchen braunviolett. In kleineren Fichten an Waldrändern sowie in Hecken und Gebüsch nistet der **Bluthänfling**. Das klirrende Liedchen des **Girlitzes** hört man in Ortschaften oder an Waldrändern.
Vogelarten, die die Stämme anfliegen und aufwärtsklettern, sind **Garten**- (Lockruf „tit tit") und **Waldbaumläufer** (Lockruf weiches „srih srih"). Aufwärts und abwärts an den Baumstämmen herumzuklettern, vermag der **Kleiber**, ein oben blaugrauer, unterseits rötlichgelber Vogel, er läßt seine lauten Twith-Rufe durch ältere Bestände erschallen (soweit Baumhöhlen vorhanden).
Von den Greifvögeln brüten **Mäusebussard** und **Turmfalke** im Vorland, aber auch in den höheren Gebirgslagen, wenn freie Flächen für die Kleinsäugerjagd vorhanden sind. Der Turmfalke brütet z. B. in Eisfeld im Kirchgiebel bzw. Schloßturm. Im Vorland schwebt öfter der **Rotmilan** mit seinem tiefgegabelten Schwanz über den Feldern. Den **Sperber**, der in großen Teilen des Flachlandes der DDR schon äußerst selten geworden ist, trifft man im Vorland sowie im Schiefergebirge noch an. Er genießt strengsten Schutz. Auch der ganzjährig geschonte **Habicht** ist im Gebiet noch heimisch, aber nicht häufig.
Von den **Taubenarten** trifft man die graubraune Türkentaube vorwiegend im Vorland an. Die etwas größere Ringeltaube mit dem weißen Fleck an Halsseiten und Flügelbug siedelt in Waldlagen (Stimme „gru gru huhu"). Die Hohltaube nistet in Altbuchen mit Schwarzspechthöhlen (Ruf „húpe húpe"). Ein häufiger Vogel des Vorlandes ist der **Mauersegler**. Er brütet aber auch u. a. in Hinterrod und Masserberg. Bei den **Schwalbenarten** überwiegt in den höheren Lagen die Mehlschwalbe, die ihre Nester außen ans Gemäuer unter Dächer klebt.
In den Wäldern des Schiefergebirges sind von den **Spechten** häufig der Schwarz- und Buntspecht. Der seltene Grünspecht bevorzugt lichte Laub- und Mischwälder bis 600 m ü. NN. Im Buchenwald ist vereinzelt der Grauspecht anzutreffen, erkennbar an seiner abfallenden, etwas klagenden Tonreihe „dü-dü-dü-dü ..."
Im Februar/März kann man nach Sonnenuntergang vielleicht einmal die Rufe des **Waldkauzes** (Männchen „huhu hu huuuh", fast trillernd) vernehmen.
Der bekannte **Eichelhäher** verrät sich durch seine durchdringenden Rätsch-Rufe. An wenigen Stellen im Gebirge und Gebirgsvorland brütet der dunkelbraune, dicht weiß getropfte **Tannenhäher**.
Das ganze Jahr begegnet man unserer kleinsten Vogelart, dem **Wintergoldhähnchen** mit dem gelben Scheitel, im Gezweig der Nadelbäume. Das **Sommergoldhähnchen** – nicht größer, aber mit mehr orangerotem Scheitelstreifen – trifft schon Ende März bei uns ein. Ab Ende April steigt auch der **Baumpieper**, ein Bewohner der Waldränder und -lichtungen, unermüdlich von den Bäumen zu seinem Balzflug auf. Der **Weidenlaubsänger** oder Zilp-Zalp ist mit seinem zweiten Namen nach seinem Gesang benannt. Unermüdlich trägt er sein zweitöniges Lied vor. Im Schiefergebirge bewohnt er vor allem Waldränder und -schneisen. Der äußerlich sehr ähnliche **Fitis** unterscheidet sich hauptsächlich durch den Gesang, eine abfallende, dem Buchfinkenschlag ähnliche Strophe, doch viel weicher und langsamer. In den Buchen- und Laubmischwäldern brütet hier und da der **Waldlaubsänger.** Er ist an seinem schwirrenden Liedchen („sipp sipp sipp sirr") zu erkennen.
Zu den umherstreifenden Arten gehört u. a. der für den Nadelwald typische **Fichtenkreuzschnabel**. Dieser hält sich nicht an bestimmte Reviere, sondern ist da anzutreffen, wo Zapfen mit reifen Samen hängen. Auch die Brutzeit (Januar bis April) richtet sich nach dem Angebot reifer Zapfen. Die „Gib-gib-gib"-Rufe umherstreifender Flüge sind nicht zu überhören. Mit seinem überkreuzten Schnabel entsamt der Vogel vor allem Fichten- und Lärchenzapfen. Der **Erlenzeisig**, ein kleinerer Vogel der Fichtenwälder, streicht nach der Brut und im Winter gern gesellig umher, klettert geschickt in den Zweigen von Nadelhölzern, Erlen und Birken, ernährt sich von den Samen der Zapfen. Schon zeitig im März läßt unsere größte **Drossel**, die an Nadelaltholz gebundene Misteldrossel, ihren feierlichen Gesang erklingen. Meist von hohen Fichtenwipfeln aus ertönt das Lied der Singdrossel, für das die sich wiederholenden Motive typisch sind. Die Wacholderdrossel, beim Abfliegen an ihrem blaugrauen Bürzel erkennbar, hat sich an Waldrändern mit Ausflugsmöglichkeit auf Wiesen angesiedelt. Die **Amsel** besiedelt Ortschaften und Wälder.
Für nicht zu kleine Naturwiesen des Gebir-

ges, besonders wenn sie feuchte Stellen und als Singwarten Koppelzäune oder Einzelsträucher aufweisen, ist der **Wiesenpieper** Charaktervogel. Von seinem Singflug läßt er sich mit fallschirmartig ausgebreiteten Flügeln wieder zu Boden gleiten. Das **Braunkehlchen**, ein Wiesenvogel, ist nur noch an wenigen Stellen vor allem im Quellbereich von Bächen anzutreffen.
In der Nähe von Bachufern sowie in Wäldern mit viel dürrem Gestrüpp kann man bis in den Winter das rollende Liedchen des kleinen **Zaunkönigs** hören. Mit aufrecht gestelltem Stummelschwänzchen huscht er durchs Gestrüpp.
Typisch für Gebirgsbäche ist die **Gebirgsstelze**, oberseits vorwiegend aschgrau, unterseits gelb. In Bachnähe kommt auch die Bachstelze vor. Den ausgesprochenen Gebirgsbachbewohner, die **Wasseramsel**, kann man vielleicht einmal an einem Fließgewässer dicht über dem Wasser dahinschießen sehen.
Auf den Stauseen erblickt man **Stockenten** und **Bleßrallen**. Zur Zugzeit sammeln sich auf den Stauseen bei Schönbrunn und Ratscher Zwerg- und Haubentaucher, Reiherente, Tafelente u. a. Der **Graureiher** beobachtet reglos vom Ufer aus die Bewegung im Wasser, um dann zu fischen. Die meisten Vögel sind geschützt.

Zur Geschichte

Das einst dicht bewaldete obere Waldgebiet des heutigen Kreises Hildburghausen mit seinen kargen Böden und seinem rauhen Klima ist erst verhältnismäßig spät von Menschen **besiedelt** worden. Nach der Zerstörung des Thüringer Königsreiches durch die Franken im Jahre 531 wurde es dem östlichen Teil des Grabfeldes einverleibt, der vom oberen Maingebiet im Süden bis an den Kamm des Thüringer Waldes reichte.
Die **staatliche Organisation** nach der fränkischen Landnahme, zugleich die früheste Form der Verwaltungsstruktur in Südthüringen, erfolgte auf der Grundlage der Gaueinteilung, die wiederum in Marken und Centen untergliedert war. Die Besiedlung des südlichen Gebirgsvorlandes begann im 7./8. Jh. durch fränkische Bauern und erreichte im 9./10. Jh. mit der Ansiedlung slawischer Einwanderer das Werratal und den Gebirgsrand, die Besiedler drangen später entlang den Flußtälern und den Höhenwegen immer weiter ins Gebirge vor.
Der Feudalisierungsprozeß grundherrlicher Prägung, d. h., die Ausbildung feudaler Grundherrschaften mit selbständig wirtschaftenden, aber abhängigen und fron- und abgabepflichtigen Bauern, war verbunden mit zahlreichen Ortsgründungen, mit Rodungen und dem verwaltungsmäßigen Ausbau des Landes. Gleichzeitig erweiterte und festigte sich der kirchliche Besitz und Machtapparat, gestützt vor allem auf die Klöster Würzburg, Bamberg und Fulda.
Unter den rivalisierenden Feudalgeschlechtern konnten sich die Grafen von Henneberg im 12./13. Jh., die sich durch die Gründung des Klosters Veßra einen eigenen geistlichen Stützpunkt schufen, in Südthüringen mit einem geschlossenen Territorium durchsetzen, ehe es im 14. Jh. den sächsischen Wettinern, den Markgrafen von Meißen, gelang, ihren Machtbereich über den Rennsteig hinweg auszudehnen und die „Sächsischen Ortslande in Franken", die Pflege Coburg, in ihren Besitz einzuverleiben.
Das obere Waldgebiet gehörte mit Ausnahme des schwarzburgischen Ortes Masserberg und der Region westlich der Schleuse, die bis 1583 bei der Grafschaft Henneberg-Schleusingen verblieb, danach kursächsisch und 1815 preußisch wurde, zur alten Cent Eisfeld, dem späteren Amt Eisfeld. **Eisfeld**, strategisch günstig am Oberlauf der Werra gelegen, war einer jener Orte, die als Stützpunkte der feudalen Grundherrschaft in ihrem Einzugsbereich wirtschaftliche, organisatorische, gerichtliche und militärische Funktionen zu erfüllen hatten. Stadt und Amt Eisfeld gelangten 1374 nach häufigem Wechsel der feudalen Landesherrschaften in den Besitz der Markgrafen von Meißen, wurden Teil der „Pflege Coburg", seit 1633 des ernestinischen Fürstentums Sachsen-Gotha und seit 1680 des neugegründeten Herzogtums Sachsen-Hildburghausen, das 1826 in Sachsen-Meiningen aufging. Dieser thüringische Kleinstaat schloß sich nach der Novemberrevolution dem 1920 neugebildeten Freistaat Thüringen an.
Die meisten **Gebirgsdörfer** hatten ihre Entstehung vom 13. bis zum 16. Jh. der Nutzung des Waldreichtums, dem Bergbau, der Anlage von Mühlen, Hämmern und Glashütten sowie ihrer Lage an **alten Han-**

Schloß Eisfeld

delsstraßen zu verdanken, die gegen Ende des Mittelalters an Bedeutung für den deutschen Nord-Südhandel gewannen.
Durch Eisfeld führten zwei bedeutende Straßenzüge mit ihren Abzweigungen und Querverbindungen über den Thüringer Wald; sie dienten der direkten Verbindung zwischen den Handels- und Gewerbezentren Nürnberg und Erfurt und darüber hinaus nach Leipzig. Während die sog. Frauenwaldstraße, benannt nach dem Wallfahrtsort Frauenwald, die Strecke von Eisfeld nach Crock, Oberwind, hinunter ins schöne Bibertal, vorbei an der Burg Engenstein, über die Schleuse bei Waldau und über Steinbach nach Frauenwald, Ilmenau, Arnstadt, Erfurt benutzte, ging eine andere Wegführung von Eisfeld über Heubach, Kahlert, Neustadt a. R. und weiter über Gehren und vereinigte sich bei Arnstadt mit der Frauenwaldstraße. Abgaben und Zölle, Geleit- und Wegegelder für die Straßenbenutzung brachten erhebliche Einnahmen für die landesherrlichen Kassen. Für die Erhaltung von Straßen, Wegen, Brücken und Befestigungen dagegen hatten die erbuntertänigen Einwohner der Amtsdörfer in unterschiedlicher Weise zu sorgen. So waren Gießübel und Oberneubrunn, die nahe bei der Kahlertschen Straße lagen (Bezeichnung nach Kahlert, Ortsteil von Neustadt), zu folgender Fron verpflichtet: „die Brücken im Wald wandelbar halten, ausbessern und machen, sie schlagen auch die Hecken auf dem Wald nach Gebot". Dienstleistungen für den Nah- und Fernhandel, Anspann, Geleit, Quartier und Verköstigung der Reisenden bildeten bis zum 19. Jh. eine wesentliche Existenzgrundlage für viele Orte, von denen sich einige zu Fuhrmannsdörfern entwickelten (Waldau, Langenbach u. a.)
Im ausgehenden Mittelalter begannen **Bergbau** und **Erzverarbeitung** im Eisfelder Hinterland aufzublühen. Böhmische und sächsische Bergleute schürften nach Kupfer und Eisen an der oberen Schleuse und am Priemäusel bei Brattendorf. Schwefel wurde bei Neubrunn (ehemaliger Ortsteil von Schönbrunn), Kohle bei Crock abgebaut; spärliche Goldfunde kamen bei Crock und später am Oberlauf der Werra bei Schwarzenbrunn zutage.
Kapitalkräftige Nürnberger Kaufleute nutzten die günstige Verkehrslage dieser Landschaft mit ihren reichen Schätzen an Holz und Wasserkraft zur Anlage frühkapitalistischer Unternehmen, wie die Saigerhütte bei Eisfeld (1479), in der große Mengen sächsisches, böhmisches und mansfeldisches Rohkupfer zu Garkupfer verarbeitet wurden. Die 1640/41 zerstörte Hütte stand in enger Verbindung zur 1485 erbauten Messinghütte in Unterneubrunn, heute Schönbrunn; hier wurde Messing geflochten, Draht gezogen und Kupfer u. a. zum Schmelzen gebracht. Auch diese bedeutende Anlage kam während des Dreißigjährigen Krieges schwer zu Schaden, existierte aber noch bis Ende des 18. Jh. als

Schmelzhütte mit einem Hochofen weiter. Allein im Bibertal gab es drei Eisen- bzw. Blechhämmer und eine Schleifmühle, ähnliche Anlagen standen an der Schleuse und ihren anderen Zuflüssen. In den Wäldern wurden Kohlenmeiler, Harzsiedereien, Pech- und Kienrußhütten betrieben.
Der Dreißigjährige Krieg, unter welchem Stadt und Amt Eisfeld als Durchzugsregion aller kriegführenden Parteien schwer zu leiden hatten, leitete den Niedergang des Bergbaues und des Hüttenwesens südlich des Rennsteigs ein. Das geschah trotz aller gegenteiligen Bemühungen der Landesherrschaft. Wie der Verfall der alten Handelsstraßen war dies eine Folge der feudalen Zersplitterung Deutschlands, die in Thüringen nach der ernestinischen Teilung des Fürstentums Sachsen-Gotha in sieben Kleinstaaten besonders extreme Formen annahm.
Das 1680 entstandene **Herzogtum Sachsen-Hildburghausen** gehörte zu jenen absolutistisch regierten Zwergstaaten, deren Herrscher ohne Rücksicht auf die wirtschaftliche Basis ihres Landes eine große Prachtentfaltung anstrebten und ihre Untertanen durch Steuern, Dienste und Abgaben hemmungslos ausplünderten. Eine der härtesten feudalen Verpflichtungen für die Landbewohner waren die Jagdfronen, zu denen die Einwohner der Dörfer jederzeit herangezogen werden konnten. Von der Ausübung der fürstlichen Jagd in den herrschaftlichen Wäldern zeugen anschaulich das illustrierte Jagdbuch des Herzogs Ernst von Sachsen-Hildburghausen und die Jagdgemälde aus Schloß Seidingstadt, geschaffen um 1700 von dem Hildburghäuser Hofmaler Georg Paulus Ermels, die heute im Museum „Otto Ludwig" in Eisfeld aufbewahrt werden.
Nur wenige frühkapitalistische Unternehmen konnten sich unter den feudalen Produktionsverhältnissen behaupten. Im Mittelgebirge blieb die Wasserkraft als billige Energiequelle ein wesentlicher Wirtschaftsfaktor bis zu Beginn des 20. Jh. Zu den Mahl-, Öl-, Papier-, Loh-, Walk- und Schneidemühlen gesellten sich am Ende des 18. Jh. im Werra- und im Bibertal sowie an der oberen Schwarza die **Märbelmühlen**, die den einheimischen Muschelkalkstein zu Kugeln oder Märbeln abschliffen, als Kinderspielzeug ein Exportartikel in viele Länder der Erde. Die Steinmärbelfabrikation, an der im Gebiet zwischen Sonneberg und Eisfeld etwa 170 Mühlen beteiligt waren, erlag zum Beginn des 20. Jh. der Konkurrenz durch die industrielle Herstellung von Tonmärbeln.
Die 1525 gegründete Glashütte Langenbach wurde Ausgangspunkt einer im südöstlichen Thüringer Wald weit verbreiteten **Produktion von Waldglas**; in ihrer Folge entstanden 1564 die Dorfglashütten Fehrenbach, 1597 Lauscha u. a. Nach ihrer Blütezeit vom 16. bis zum 18. Jh. machten sich Holzknappheit, Absatzkrisen und Kapitalmangel bemerkbar. Mit der Gründung der Hohlglasfabrikation in Unterneubrunn (heute Schönbrunn) 1863, die sich bis zur Jahrhundertwende zur größten thüringischen Hohlglashütte entwickelte, fand die moderne kapitalistische Glasindustrie Eingang in den Kreis Hildburghausen. Der Betrieb wurde später, ebenso wie die 1925 erbaute Glashütte Waldau und die Glashütte Fehrenbach, Bestandteil des sogenannten Bulle-Konzerns Altenfeld, dem fast alle Glaswerke des Rennsteiggebietes gehörten, er wurde 1948 in Volkseigentum überführt.
Wertvolle Impulse für den Entstehungsprozeß der thüringischen **Porzellanindustrie** sind im 18. Jh. von der Glasmacherei ausgegangen. Der Glasmeister Gotthelf Greiner aus Limbach erfand im August 1761, unabhängig von Meißen, das Rezept der Porzellanherstellung, beteiligte sich an der Gründung der Porzellanmanufaktur Wallendorf 1764 und wandelte 1772 seine Glashütte Limbach zur Porzellanmanufaktur und zum Sitz eines Familienunternehmens um. Ihm gehörten die Manufakturen Großbreitenbach und seit 1797 die 1760 gegründete „Hochfürstliche Porzellaine-Fabrique" Kloster Veilsdorf an. Die Porzellanmanufaktur Kloster Veilsdorf, die in ihrer Anfangsperiode künstlerisch hochwertige und anspruchsvolle Porzellane hervorbrachte, spezialisierte sich nach 1870 auf die Herstellung technischer Artikel und wurde als Porzellanfabrik Kloster Veilsdorf AG der größte Industriebetrieb des Kreises Hildburghausen. Große Teile der Waldbevölkerung wurden als billiges Arbeitskräftereservoir durch Heim- und Fabrikarbeit in den Arbeits- und Ausbeutungsprozeß einbezogen. Heute produziert der VEB Porzellanwerk Kloster Veilsdorf mit seinen Zweigwerken Eisfeld und Brattendorf technische Porzellane, bes. Hoch- und Niederspannungsporzellane sowie Isolationsmaterial.

Die **Holzverarbeitung** zählt ohne Zweifel zu den ältesten bodenständigen Erwerbszweigen der Waldbewohner, besonders dort, wo der Bergbau erloschen oder zurückgegangen war. In der Regel war sie verbunden mit landwirtschaftlichem Kleinstbesitz und Nebenerwerb; Land- und Forstwirtschaft allein reichten bei dem rauhen Klima und den kargen Böden, besonders unter den Bedingungen der feudalen Agrarverfassung, nicht aus, um die Ernährung der Bevölkerung zu sichern. Die Schindelmacher, Zimmerleute, Weißbüttner, Schreiner, Schachtelmacher, Drechsler und Schnitzer aus dem Amt Eisfeld, aber auch die Leineweber in den Flachsanbaugebieten der Talauen bei Crock und Heubach und die Dorfschneider vereinigten sich im 18. Jh. zu starken Landinnungen, eine unerwünschte Konkurrenz für das städtische Handwerk. 1728 umfaßte z. B. die Schreinerinnung (Sitz: Heubach) 47 Meister, 18 Gesellen und 8 Lehrjungen, während die Weißbüttnerinnung (Sitz: Crock) über 132 Meister, 29 Gesellen und 16 Lehrjungen verfügte. Fuhr- und Handelsleute sorgten für den Absatz des vielfach bunt bemalten Hausrates in nah und fern. Das Dorf Schnett galt als Zentrum ländlicher Möbelmalerei in Südthüringen. Auch in anderen Orten entwickelten sich Gewerbezweige mit ausgeprägten volkskünstlerischen Zügen. Viele Familien fertigten Holzspielzeug und später Papiermachéspielwaren für Sonneberger und Eisfelder Firmen; diese Spielzeugmacher waren dem Preis- und Lohndruck der Verleger ausgeliefert, und die Heimarbeiter verdienten trotz ihres Fleißes besonders in Krisenzeiten kaum das tägliche Brot. Die traditionelle Schnitzerei von Holzpferden und Kasperköpfen hat sich in den Dörfern Waffenrod, Hinterrod und Crock bis in die Gegenwart erhalten. Zunehmende Holzknappheit und Absatzschwierigkeiten erschwerten die Existenzbedingungen dieser Gewerbe besonders nach Einführung eines bayerischen Schutzzolls 1810, der die Märkte in Franken und Bayern sperrte. Die Krisenzeiten der vierziger Jahre des 19. Jh. brachten wachsende Verarmung und führten zu massenhaften Auswanderungen nach Übersee.

Die Industrialisierung des Wald- und Vorwaldgebietes begann nach 1871, ausgehend von der **verkehrsmäßigen Erschließung** durch den Ausbau des Straßennetzes, den Bau der Werrabahn 1852/58 (Eisenach–Meiningen–Eisfeld) und ihrer Nebenbahnen, der Strecke Themar–Schleusingen 1888, der Kleinbahn Eisfeld–Unterneubrunn 1890, die 1973 abgebaut wurde, und der Strecke Eisfeld–Sonneberg 1909/11. In Eisfeld entwickelte sich zunächst die Holzverarbeitungs-, Spielwaren- und Porzellanindustrie; der Gebirgsraum dagegen blieb, abgesehen von der Glas- und Holzfabrikation, industriearm.

In diesem politisch und wirtschaftlich rückständigen Gebiet, in dem die Verhältnisse der Kleinstaaterei auch nach der Gründung des Deutschen Reiches 1871 noch lange fortlebten, konnte die **Arbeiterbewegung** zunächst nur zögernd Fuß fassen. Die Zersplitterung der Arbeiterklasse in zahlreichen Kleinbetrieben, durch Heimarbeit, die Bindung vieler Menschen an landwirtschaftlichen Kleinbesitz und an kleinbürgerliche Denkweise sowie die brutale Überwachung und Unterdrückung aller fortschrittlichen Kräfte in Betrieben und Gemeinden wirkten sich hemmend aus. Dennoch begannen sich gegen Ende des 19. Jh., vor allem in der Porzellan- und Glasindustrie, Teile des Proletariats gewerkschaftlich und politisch zu organisieren und um soziale Rechte zu kämpfen.

Nach der Novemberrevolution 1918 und in den schweren, durch Hunger und Inflation geprägten Nachkriegsjahren nahm die Arbeiterbewegung im Raum Eisfeld, ausgehend von den industriellen Zentren um Suhl und im Werratal, einen raschen Aufschwung. Dies äußerte sich unter anderem in der aktiven Teilnahme der Werktätigen an der Niederschlagung des Kapp-Putsches im Jahre 1920, aber auch in den Wahlen zum Thüringer Landtag 1921, bei denen die Arbeiterparteien im Amt Eisfeld insgesamt 4040 Stimmen errangen, die sich wie folgt zusammensetzten: für SPD 1871 Stimmen, für USPD 296 Stimmen, für KPD 1873 Stimmen. Demgegenüber entfielen nur 3075 Stimmen auf die bürgerlichen Parteien. In den Jahren 1920/21 bildeten sich einige starke Ortsgruppen der KPD, z. B. in Hildburghausen, Eisfeld, Themar, Schnett und Schönbrunn. 1924 wurde als Kampforganisation gegen die wachsende faschistische Gefahr der Deutsche Rotfrontkämpferbund (RFB) gegründet; eine Gedenktafel an der Jugendherberge Ernst Heilmann auf dem Simmersberg bei Schnett erinnert noch heute daran, daß hier am 6. Juli 1924 die erste Ortsgruppe

des RFB entstand. Seit 1928 befand sich die Unterbezirksleitung der KPD für den Kreis Hildburghausen, geführt vom Genossen Hermann Koch, in Fehrenbach.
Die Folgen des ersten Weltkrieges und der Inflation beeinflußten besonders die Lebenslage der Waldbevölkerung. Betriebsstillegungen, Arbeitslosigkeit, steigende Preise brachten Not und Elend mit sich. Die Weltwirtschaftskrise 1929/1933, von der die heimische Leichtindustrie besonders hart betroffen wurde, ließ die Waldgemeinden völlig verarmen, sie wurden zum Notstandsgebiet erklärt. In den Jahren 1930/31 organisierte die KPD Hungermärsche in die Kreisstadt Hildburghausen, an denen Hunderte von Arbeitslosen aus Heubach, Fehrenbach, Schnett und anderen Orten teilnahmen. Sie endeten mit Polizeiterror und Verfolgung der Initiatoren. In einer Selbsthilfeaktion schufen Werktätige 1931 die „Werknotgemeinschaft Fehrenbach" (Wernofeh), eine Produktionsstätte in den Räumen der stillgelegten Glashütte, in der verschiedene Gebrauchsgüter (Holzgegenstände) gefertigt oder Wildfrüchte, Heilkräuter u. a. verarbeitet wurden.
Nach dem zweiten Weltkrieg wandelte sich unter Führung der Partei der vereinten Arbeiterklasse der SED im Zusammenwirken mit den Blockparteien und der Bevölkerung das ehemalige Notstandsgebiet zu einem der schönsten Erholungszentren des Thüringer Waldes. Teilweise anknüpfend an bereits vorhandene Produktionszweige wurde eine leistungsfähige volkseigene Industrie errichtet. Unmittelbar im Waldgebiet befinden sich heute der VEB Glaswerk Waldau mit seinen Zweigbetrieben, der VEB Geräte- und Pumpenwerk Merbelsrod und der VEB Herko (Herrenoberbekleidung) in Heubach sowie holzverarbeitende Betriebe in Biberau und anderen Orten. Eine völlig neue Produktionsstätte zur Herstellung von Glasfasergeweben entstand mit dem VEB Trisola Brattendorf. Im Raum Eisfeld konzentrieren sich metallverarbeitende Betriebe (VEB Zeiss, VEB Feintechnik), Spielwaren und Möbelindustrie sowie die im Kombinat Keramische Werke Hermsdorf eingegliederten Porzellanwerke Kloster Veilsdorf, Eisfeld und Brattendorf. Der VEB Schrauben- und Normteilewerk Hildburghausen sowie die Metallverarbeitungs-, Elektro-, Bau- und Holzverarbeitungsindustrie in Schleusingen bieten ebenfalls Arbeitsplätze.
Die **sozialistische Landwirtschaft** nutzt das Waldgebiet weitgehend für die Weidewirtschaft durch Kooperationsbeziehungen mit den landwirtschaftlichen Betrieben des Vorlandes. Zu den großartigen Objekten der Gegenwart gehören die Trinkwassertalsperre Schönbrunn, die im Jahre 1978 nach zwölfjähriger Bauzeit fertiggestellt wurde, sowie die Anlage der Brauchwassertalsperre bei Ratscher. In dem letzten Jahrzehnt entwickelte sich das obere Waldgebiet des Kreises Hildburghausen zu einem gern besuchten, immer bekannter werdenden **Erholungsgebiet.** Die Errichtung von Kulturhäusern, Ferienheimen und Bettenhäusern, der Ausbau von komfortablen Privatquartieren, die Anlage von Schwimmbädern, Sportstätten und Wanderwegen mit Hilfe staatlicher und gewerkschaftlicher Mittel und der Initiative der Bewohner dienen der Erschließung des Gebietes und fördern das Erholungswesen. Gern besucht wird das 1955/57 angelegte Naturtheater der DSF bei Steinbach-Langenbach; es wird in den Sommermonaten vom Ensemble des Meininger Theaters bespielt. In erreichbarer Nähe befinden sich das Museum für Glaskunst Lauscha, das Spielzeugmuseum Sonneberg, das Museum „Otto Ludwig" Eisfeld (regionale Volkskunde, Porzellan) sowie die **Museen** auf der Bertholdsburg in Schleusingen (Naturkunde, Regionalgeschichte), das Stadtmuseum in Hildburghausen und das Agrarhistorische Museum Kloster Veßra. Diese Einrichtungen vermitteln einen anschaulichen Überblick über die geografischen, historischen, kulturgeschichtlichen und wirtschaftlichen Verhältnisse Südthüringens in Vergangenheit und Gegenwart. Armut und soziale Unsicherheit sind längst aus den Waldorten geschwunden; die in den vergangenen Jahrzehnten geschaffenen revolutionären Veränderungen auf allen Gebieten des gesellschaftlichen Lebens finden ihren Ausdruck in sozialen und kulturellen Neuerungen, in einem völlig veränderten Lebensstil und einer neuen Wohnkultur – die sauberen Waldgemeinden mit ihren freundlichen Häusern und gepflegten Vorgärten künden vom Fleiß, Schönheitssinn – und einem vorher im Kapitalismus nicht möglichen Wohlstand der Wäldler.

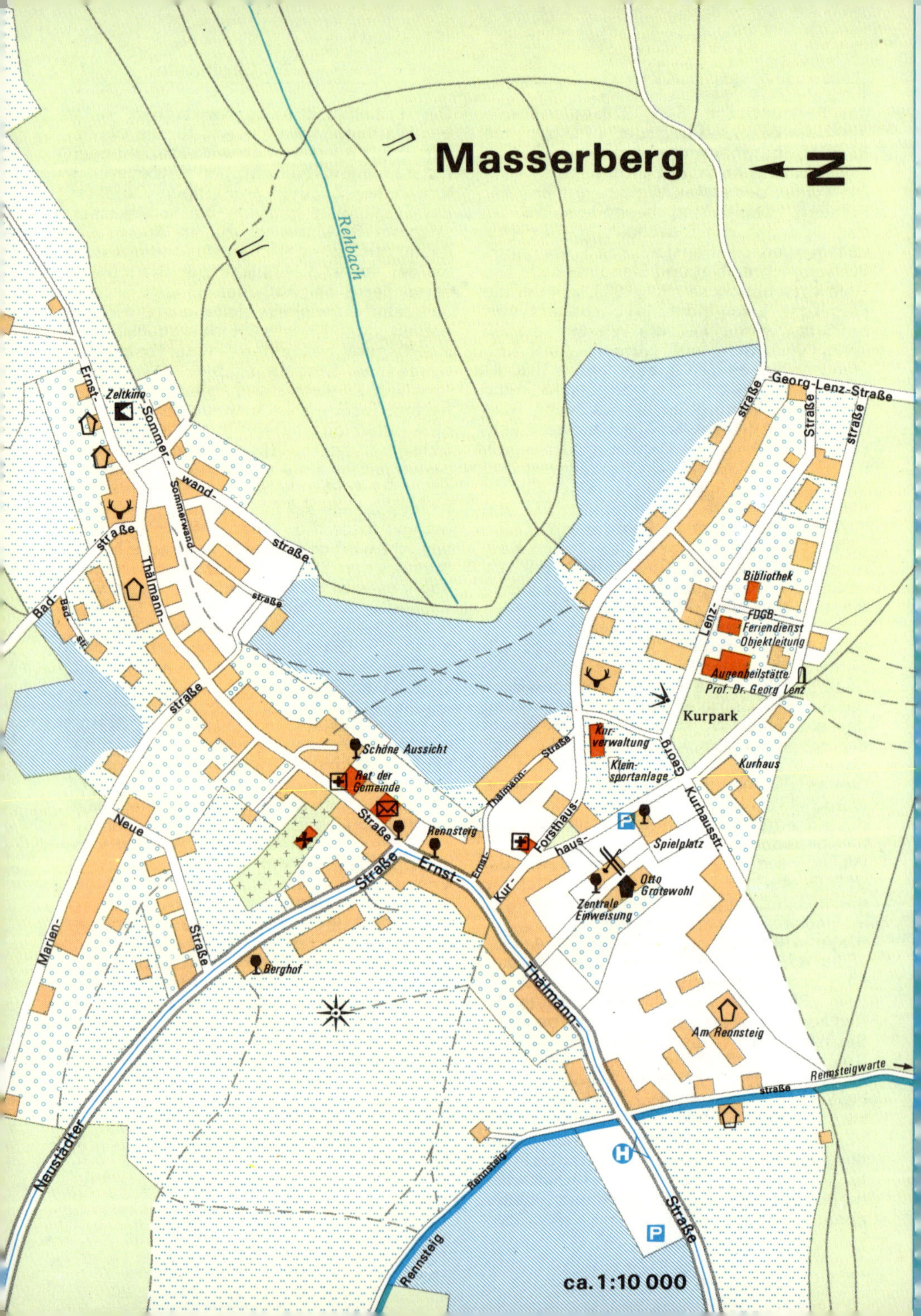

Masserberg
Rehbach
Zeltkino
Ernst-
Sommer-
wand-
straße
Sommerwand
straße
Thälmann-
straße
Bad-
Bad-
str.
straße
Schöne Aussicht
Rat der Gemeinde
Straße
Rennsteig
Neue
Marien-
Straße
Straße
Ernst-
Berghof
Neustädter
Georg-Lenz-Straße
straße
Straße
straße
Bibliothek
FDGB-Feriendienst Objektleitung
Lenz-
Augenheilstätte
Prof. Dr. Georg Lenz
Kurpark
Kur-verwaltung
Klein-sportanlage
Georg
Kurhaus
Kurhausstr.
Thälmann-
Straße
Forsthaus-
haus-
Kur-
Ernst-
Spielplatz
Otto Grotewohl
Zentrale Einweisung
Thälmann-
Am Rennsteig
Rennsteigwarte
straße
Rennsteig
Rennsteig
Straße
ca. 1:10 000

Erholungsorte

Masserberg

Der älteste Ferienort (870 Einwohner) des oberen Waldgebietes im Kreis Hildburghausen liegt im Thüringer Schiefergebirge direkt am Rennsteig. Seine landschaftlichen und klimatischen Vorzüge, eine schneesichere Höhenlage von 803 m und die Ruhe lockten schon um die Jahrhundertwende und davor die ersten Feriengäste auf die Rennsteighöhe. Mit dem Bau des Kurhauses sowie Hotels und Pensionshäusern zwischen 1905 und 1920 erlebte der abgeschiedene und bis dahin unbekannte Waldort den ersten Aufschwung im Fremdenverkehr. 1913 kamen jährlich etwa 3000 Gäste nach Masserberg.
Bekannte Persönlichkeiten, u. a. Gerhart Hauptmann, Prof. Hermann Abendroth, die Wiener Schauspielerin und Sängerin Prof. Gutheil-Schoder und Clemens Thieme, Erbauer des Völkerschlachtdenkmals in Leipzig, erkannten damals als Masserberger Gäste den Erholungswert der Rennsteiglandschaft. Der Schriftsteller Kurt Bartels (Kuba) erhielt hier seine Anregungen zum Drehbuch des Filmes „Hexen".
Von bescheidenen Anfängen hat sich Masserberg zu einem der bekanntesten Ferienorte des Bezirkes Suhl entwickelt, in dem sich jährlich etwa 26000 Menschen erholen. Durch großzügige Unterstützung, besonders der Gewerkschaften, entstanden mehrere Erholungseinrichtungen, z. B. das im Dezember 1976 fertiggestellte **FDGB-Erholungsheim „Otto Grotewohl"** mit einem Bettenhaus, das zwei Jahre später durch ein zweites Urlauberwohnheim ergänzt wurde. Auf dem Eselsberg wurde die Rennsteigwarte, das Wahrzeichen von Masserberg, neu aufgebaut und mit der dazugehörigen Turmbaude 1974 übergeben.
Weithin bekannt wurde Masserberg durch die 1949 vom Jenaer Universitätsprofessor Dr. Lenz gegründete und später nach ihm benannte **Augenheilstätte.** Anfangs wurden hier Patienten mit tuberkulösen Augenleiden behandelt. Seit dem Rückgang der Augentuberkulose kommen hauptsächlich Patienten mit chronischen entzündlichen, sog. endogenen Augenerkrankungen für eine mindestens sechswöchige Behandlungs- oder Stabilisierungskur nach Masserberg.

Skiunterricht

Die herrliche Lage des von Waldwiesen und Fichten- und Buchenwäldern umgebenen Ortes ermöglicht zu jeder Jahreszeit auf gut markierten Wegen Wanderungen in alle Himmelsrichtungen. Besonders beliebt ist der Rennsteigort wegen seiner schneesicheren Lage. Anfänger wie fortgeschrittene Skiläufer haben vielfältige Möglichkeiten, die Umgebung zu erwandern. Ein Skihang mit Skischlepplift und Skiwiesen im Ort und in unmittelbarer Nähe geben alpinen Skiläufern ein gutes Betätigungsfeld.

Geschichte

Die Unzugänglichkeit der urwaldähnlichen Wälder, das rauhe Klima, der karge Boden und die Höhenlage waren Gründe für die späte Besiedlung der meisten hoch gelegenen Rennsteigorte.
Masserberg gehört zu den jüngsten Siedlungen des Rennsteiggebietes und wurde am Ausgang des 17. Jh. unmittelbar am Rennsteig und an einem Abzweig der Handelsstraße von Nürnberg nach Erfurt ins Schwarzatal gegründet. Urkundlich wird 1686 erstmals ein Gast- und Rasthaus „Breitenborn" mit dem Wirt und erstem Ansiedler, Görge Tischer, genannt. Eine Rennsteigbeschreibung vom Sachsen-Hennebergischen Historiographen Christian Juncker aus dem Jahre 1703 gibt eine wei-

tere Auskunft über das Rasthaus und die Entstehung Masserbergs. In ihr wird linker Hand des Rennsteigs hinter der Schwalbenhauptwiese ein Wirtshaus erwähnt, genannt „Zum alten Frosch". Das ehemalige Wirtshaus befand sich an der Stelle der heutigen Gaststätte „Zum Rennsteig" in unmittelbarer Nähe der Quelle Breitenborn, deren Name die Gaststätte und auch der Ort einige Jahre trugen.
Neben dem erwähnten Gasthaus kann auch das 1665 von Schwarzburger Grafen erbaute Jagd- oder Herrenhaus am Rehberg den Ursprung von Masserberg gebildet haben, obwohl von Anwesen und Siedlern vor 1686 in der Nähe des Herrenhauses urkundlich nichts überliefert ist. Das Jagdhaus, vorrangig für jagdliche Zwecke der Schwarzburger Grafen genutzt, wurde 1692 an Hans Glaser aus Lauscha verkauft und 1720 bereits wieder abgerissen. Der Flurname und Ortsteil Herrenhaus hat sich aber bis in unsere Zeit erhalten. Es ist anzunehmen, daß zu Beginn des 18. Jh. der Flurname Masserbergk, der am Ausgang des 15. Jh. in einer Markscheidung erstmalig erwähnt wird, auf die jüngere Siedlung übertragen wurde. 1690 siedelte sich neben dem Gasthaus der Harzscharrer Friedrich Tresselt als zweiter Einwohner an. Ihm folgten Glasschneider, Schachtelmacher, Köhler, Holzhauer und Kohlefahrer, womit die Erwerbszweige der Masserberger bis in die 1. Hälfte des 19. Jh. und darüber hinaus genannt sind. Zu den ersten Einwohnern gehört auch der Laufschneider Peter Enders, der sich 1696 auf dem Rennsteigkamm ansiedelte und Urahn der vielen Endersfamilien in Masserberg ist. Von 1753 bis 1758 wurde die Kirche erbaut. Davor mußten die Toten nach Großbreitenbach zur Bestattung gebracht werden.
1832 zählte der Ort 43 Häuser und 270 Einwohner. Wie viele Walddörfer entwickelte sich auch Masserberg in der Mitte des 19. Jh. zu einem Heimarbeiterdorf. Um das zum Leben Notwendigste zu verdienen, wurden Puppen geflickt, runde Holzspanschachteln in verschiedenen Größen angefertigt sowie Knöpfe und Etiketten aus Holz hergestellt. Für das benachbarte Neustadt a. R. wurden Zündholzstäbchen noch mit dem Handhobel geschnitzt.
Verhängnisvoll für den Ort wurden die Jahre 1879/80, da 1879 125 Einwohner an Typhus erkrankten, von denen 23 starben. Ein Jahr darauf brannten die Kirche und eine Häuserreihe mit 13 Wohnhäusern ab. Die Kirche wurde wieder aufgebaut und 1883 eingeweiht.

Kurverwaltung: Zentrale Kurverwaltung, 6113 Masserberg, Forsthausstr. (Finnhütten), Tel. 2 19.
Kulturstätten: FDGB-Erholungsh. „O. Grotewohl", Kurhausstr. 5a; Bibliothek, G.-Lenz-Str. 5.
Sportstätten: Skischlepplift (Höhenunterschied: 77 m, Schlepplänge: 420 m); Sportplatz, Kleinsportanlage m. Freiluftkegelbahn, Großfeldschach u. Steintischtennisplatten, Forsthausstr.; Sprungschanzen im Rehtal; Skiwiese an der Forsthausstr.
Gaststätten: FDGB-Erholungsh. „O. Grotewohl", Kurhausstr. 5a; FDGB-Gst „Schöne Aussicht", E.-Thälmann-Str. 48; Rennsteig, E.-Thälmann-Str. 66; Berghof, Neustädter Str. 4; Betriebsferienh. VEB Jenaer Glaswerke, E.-Thälmann-Str. 61; Betriebsferienh. VEB Robotron Anlagenbau Leipzig, Kurhausstr. 6.
Taxi: Hugo Schmidt, E.-Thälmann-Str. 33, Tel. 2 40; Walter Möller, Kurhausstr. 3, Tel. 2 14.
Medizinischer Dienst: Arzt- u. Zahnarztpraxis, Kurhausstr. 5, Tel. 2 41; Gemeindeschwesternstation, E.-Thälmann-Str. 56; Bergunfalldienst, Oskar Seifferth, E.-Thälmann-Str. 72a, Tel. 2 53.
Ausflugsgaststätten: Turmbaude (1 km v. Masserberg); Werraquellenbaude (3 km v. Masserberg).

Biberau

Der Erholungsort (900 Einwohner), bestehend aus den OT Tellerhammer, Biberschlag, Engenstein und Lichtenau, zieht sich in etwa 450 m Höhe 4,5 km entlang der Biber bis zu deren Einmündung in die Schleuse. Er liegt am Südwestrand des Thüringer Schiefergebirges und ist von Fichtenforst und Mischwald umgeben.
Ansteigend bieten sich Wanderungen über den Schnetter Berg und durch das Roßbachtal nach Schnett sowie auf der linken Talseite nach Oberwind, Crock und Waffenrod-Hinterrod an. Schnett und Waffenrod-Hinterrod können als Ausgangspunkt (bes. für Skiwanderungen) zum Rennsteiggebiet um Masserberg gewählt werden.
Das FDGB-Erholungsheim „Robert Stamm"

Biberau

(1967 eröffnet) ist Mittelpunkt der kulturellen Betreuung der jährlich etwa 12000 Urlauber sowie der Ortsbewohner. Die bekannte, unter Denkmalschutz stehende Rote Mühle (von 1595 bis 1953 in Betrieb) symbolisiert als letzte Mühle des Bibertales den einst wichtigen Wirtschaftszweig dieser Gegend.

Rat d. Gemeinde: 6121 Biberau, Flurweg 84, Tel. Schönbrunn 4 13.
Kulturstätte: FDGB-Erholungsh. „Robert Stamm".
Sportstätten: Freiluftkegelbahn, am FDGB-Erholungsh.; Sprungschanze; Lehrschwimmbecken.
Gaststätten: FDGB-Erholungsh.; Kastanienbaum.
Medizinischer Dienst: Ambulanz (Außenstelle), Flurweg 78, Tel. Schönbrunn 4 13.

Fehrenbach

Eingebettet im Tal der Biber erstreckt sich Fehrenbach (961 Einwohner) in einer Höhenlage von 600 bis 670 m ü. NN. Über 800 m hohe Berge, schöne Buchen- und Fichtenwälder und eine felsenreiche Landschaft, die „Fehrenbacher Schweiz" prägen die landschaftliche Umgebung des Ortes. Das Bibertal und schöne Seitentäler führen hinauf in die nahegelegene und schneesichere Rennsteiglandschaft um Masserberg. Mit viel Fleiß und Initiative der Bevölkerung hat sich Fehrenbach zu einem schmucken Ferienort entwickelt (jährlich etwa 14700 Urlauber). Durch das FDGB-Erholungsheim „Fritz Sattler" (1978 fertiggestellt), das dazugehörige Urlauberwohnheim sowie eine Bungalowsiedlung ist der Ort einer der größten Erholungsträger des oberen Waldgebietes.

Fehrenbach, FDGB-Erholungsheim „Fritz Sattler"

Die Geschichte von Fehrenbach ist nicht von der der Glashütte zu trennen. Der Ort entstand an der Stelle, wo der Fehrenbach, der dem Ort den Namen gab, in die Biber mündet. Hier wurde 1564 von Hans und Margarete Breitenbach aus Langenbach eine Glashütte gegründet, die zunächst nur kurze Zeit in Betrieb war und 1567 wieder stillgelegt wurde. 1586 begannen 8 Glasermeister aus Langenbach nochmals mit der Instandsetzung der Glashütte, die 1593 die Produktion wieder aufnahm. Wohnhäuser, Mahl- und Schneidemühlen kamen hinzu, und durch Rodungen dehnten sich der Ort und die Fehrenbacher Flur um die Glashütte aus. Die ersten Glasmeister aus Fehrenbach und ihre Nachkommen gründeten weitere Glashütten in Thüringen und haben damit einen wesentlichen Anteil an der Entwicklung der Glasindustrie und der Glaskunst in Thüringen und weit über seine Grenzen hinaus. Unruhen während des Dreißigjährigen Krieges (17. Jh.) sowie des Nordischen Krieges (18. Jh.), die die Handelsstraßen zeitweilig in Heerstraßen verwandelten, und neue konkurrenzfähigere Glashütten brachten den Fehrenbachern Absatzschwierigkeiten und führten zur völligen Verarmung der Fehrenbacher Glasmeister. 1901 wurde sie, durch Gasfeuerung und Bau einer neuen Anlage modernisiert, wieder in Betrieb genommen.
Während der Weltwirtschaftskrise von 1929 bis 1933 war der größte Teil der Fehrenbacher arbeitslos. Ihre ausweglose Lage veranlaßte sie unter Führung der KPD, deren Unterbezirksleitung von 1928 bis 1933 im Ort ihren Sitz hatte, zu zwei Hungersmärschen in die Kreisstadt Hildburghausen. Dadurch erzwangen sie die Wiederaufnahme der Arbeit in der Glashütte. Die heute noch im Ort befindliche Glashütte wurde 1950 an gleicher Stelle neu aufgebaut und führt die Tradition als älteste, noch produzierende Glashütte in Thüringen fort. Sie stellt vollautomatisch Verpackungsgläser für die Lebensmittel- und pharmazeutische Industrie her.

Kurverwaltung, 6121 Fehrenbach, E.-Thälmann-Str. 9, Tel. Masserberg 2 95.
Kulturstätte: FDGB-Erholungsh. „Fritz Sattler".
Sportstätten: Sportplätze, am Sommerberg u. am Fehrenberg; Sprungschanzen, am Sommerberg (Jugendschanze, Pionierschanze).
Gaststätten: FDGB-Erholungsh. „Fritz Sattler", Schulstr.; Treffpunkt, E.-Thälmann-Str. 51; Werraquelle, A.-Bebel-Str. 2; Schwarzer Adler, A.-Bebel-Str. 4; Rasthof, E.-Thälmann-Str. 73.
Medizinischer Dienst: Landambulanz (Außenstelle), E.-Thälmann-Str. 30, Tel. Masserberg 2 29; Zahnärztliche Außenstelle, A.-Bebel-Str. 6; Gemeindeschwesternstation, Schulstr. 17, Tel. Masserberg 3 94; Medikamentenausgabe, Schulstr. 17, Tel. Masserberg 3 30.
Ausflugsgaststätten: Werraquellenbaude (3 km v. Fehrenbach); Turmbaude „Am Rennsteig" (5 km v. Fehrenbach).

Gießübel

Der Ort (855 Einwohner) liegt am Südhang des Thüringer Schiefergebirges im Tal der Neubrunn und deren Nebenbächen Rehbach und Dachsbach in einer Höhe von 500–560 m und ist seit 1953 staatlich anerkannter Erholungsort mit jetzt jährlich 10000 Gästen. In den Sommer- und Übergangsmonaten bietet die Umgebung Gießübels dem Wanderer durch seine geologische Struktur ein abwechslungsreiches Landschaftsbild. Felsenreiche Täler (Gießübler Schweiz) ziehen sich durch Fichten- und Buchenwälder zu den Höhen hinauf. Der Rennsteig (3 km) und die nahegelegenen schneesicheren Orte Masserberg, Neustadt, Heubach und Schnett verfügen über ein ideales Skiwandergelände. Für den alpinen Skisport bieten sich der hiesige Skischlepplift sowie die Skihänge bei Masserberg (4,5 km) und Heubach (3 km) an. Im Sommer lädt das Freibad im Dachsbachtal zur sportlichen Betätigung ein. Das FDGB-Kulturhaus (1957 eröffnet) ist kulturelles Zentrum des Ortes und Verpflegungsstelle der in Privatquartieren untergebrachten FDGB-Feriengäste.

Urkundlich wird der Ort erstmals 1317 in der ältesten Henneberger Schrift als „Gyssebel" erwähnt. Es wird aber angenommen, daß der Ort schon um 1200 von fränkischen Bauern gegründet wurde. Bis 1583 gehörte Gießübel zur Grafschaft Henneberg, danach zum Herzogtum Sachsen-Meiningen.

Der Name Gießübel, in unterschiedlichen Schreibformen, stammt aus dem Oberdeutschen und tritt häufig als Flur- und Ortsname auf. Er bezeichnet verschiedene Landschaftsformen, besonders in wasserreichem, zeitweilig überflutetem und geologisch bedeutsamem Gelände.

Von der Gründung des Ortes bis in die heutige Zeit spielt die Holzverarbeitung eine dominierende Rolle. Löffler, Muldenhauer, Büttner, Wagner, Felgenbauer und Drechsler fertigten früher Waren für den täglichen Gebrauch. Pechsieder, Köhler und Holzhauer arbeiteten in den Wäldern. Der Handel mit Bierhefe, Butter, Eiern und Käse war ebenfalls von Bedeutung.

Der heutige VEB Sägewerk und Kistenfabrik entwickelte sich aus einer Schneidemühle (1880), die Schnittholz sowie Kisten zur Verpackung für die in Gießübel und Umgebung hergestellten Waren fertigte. Dieser Betrieb und ein Zweigbetrieb der Neustädter Glashütte (1921 in Gießübel errichtet, heute nicht mehr in Betrieb) bildeten die Voraussetzung zur Organisierung der Arbeiter, die sich am Generalstreik 1921 und an Feiern zum 1. Mai beteiligten. In der Kleiderbügelproduktion (1925 in Gießübel begonnen), im VEB Sägewerk und Kistenfabrik, im VEB Elektronik sowie in der Feriengästebetreuung stehen den Gießüblern Arbeitsmöglichkeiten zur Verfügung.

Gießübel

Kurverwaltung: 6111 Gießübel, Hauptstr. 64, Tel. Schönbrunn 2 06.
Kulturstätte: FDGB-Kulturhaus, Masserberger Str.; Bibliothek, Dachsbachstr. 2.
Sportstätte: Freibad u. Skischlepplift (Höhenunterschied: 91 m, Schlepplänge: 310 m), Dachsbachtal.
Gaststätten: Zum Rautenkranz, Hauptstr. 32; Schwarzer Adler (Betriebsferienh.), Hauptstr. 23; Waldfrieden (Betriebsferienh.), Hauptstr. 175; FDGB-Kulturhaus „Waldbaude", Masserberger Str.
Medizinischer Dienst: Landambulanz (Außenstelle), Rehbachstr. 2, Tel. Schönbrunn 5 34; DRK-Bergunfalldienst, Tel. Schönbrunn 3 52, 2 06.
Ausflugsgaststätte: Schnetter Waldschenke (5 km v. Gießübel).

Heubach

Heubach

Mit dem Ortsteil Einsiedel (520 m) im Bibertal erstreckt sich der Ort (1029 Einwohner) zu beiden Seiten des Heubaches bergan bis zu einer Höhenlage von 720 m in die Nähe des Rennsteiges (3 km). Der Ort ist von weiträumigen Wiesenflächen und vorwiegend Fichtenwäldern umgeben. Durch seine günstige Lage bietet Heubach im Sommer wie Winter einen Ausgangspunkt für Wanderungen in die nahegelegenen Orte, zum Rennsteig, zur Werraquelle, in die Gießübler Schweiz und zu anderen lohnenswerten Ausflugszielen. Den Freunden des alpinen Skisportes gibt der 1986 in Betrieb genommene Skischlepplift gute Möglichkeiten zur Ausübung ihres Sportes. Durch den FDGB-Feriendienst hat sich Heubach, einst zu den ärmsten Walddörfern gehörend, zu einem beliebten Ferienort entwickelt. Anspruchsvolle Privatquartiere, das 1975 übergebene FDGB-Erholungsheim „Hermann Duncker" mit zwei später dazu gekommenen Urlaubswohnheimen geben jährlich etwa 16000 Gästen aus allen Teilen der DDR die Möglichkeit, erholsame Ferientage zu verleben. Kulturelles Zentrum ist das FDGB-Erholungsheim „Hermann Duncker", in dem auch das örtliche Blasorchester und die sangesfreudigen Wäldler ihren Beitrag zur kulturellen Betreuung leisten.

Die Gründung von Heubach geht auf die günstige Lage an der bereits 1190 erwähnten Handelsstraße von Nürnberg über Eisfeld nach Erfurt zurück. 1416 wird, wie oft an Handelsstraßen üblich, die Konzession für eine Schenke am Heidbach erteilt. Der Name der Siedlung geht auf Heydebach, einem aus der Heyde oder dem Ödland kommenden Bach, zurück. Die Siedlung entwickelte sich neben dem Wirtshaus und der 1462 errichteten St. Wolfgangskapelle, die dem heiligen Wolfgang, Beschützer der Reisenden und Kranken, gewidmet und Wallfahrtsort für Gichtkranke war. Köhler, Holzhauer, Pechsieder, Harzscharrer, später Büttner und Weber siedelten sich neben dem Wirtshaus und der Kapelle an und weiteten den Ort aus. Im Jahre 1722 fiel fast der gesamte Ort den Flammen zum Opfer. Es blieben nur die Kirche, das Pfarr-, Schul- und Hirtenhaus sowie 4 Wohnhäuser übrig.

1852 zählte Heubach bereits wieder 101 zumeist ärmliche Wohnhäuser und 768 Einwohner. Die Erwerbsquellen, die der Wald, die kärgliche Landwirtschaft, Kleinbauernwirtschaft (Flachsanbau) abgaben, reichten oft nur für das zum Leben Notwendige. Zur Verbesserung der Arbeitsverhältnisse beteiligten sich Heubacher 1909 an einer Demonstration. Der Ort gehörte längere Zeit zum Notstandsgebiet. Heute macht Heubach den Eindruck eines gepflegten Urlauberortes, in dem sich Gäste und Einheimische wohl fühlen können.

Kurverwaltung, 6121 Heubach, R.-Breitscheid-Str. 22, Tel. Schönbrunn 5 95.
Kulturstätten: FDGB-Erholungsh. „Hermann Duncker", R.-Breitscheid-Str. 43; Bibliothek, E.-Thälmann-Str. 31.
Sportstätten: Sportplatz, Skischlepplift (Höhenunterschied: 90 m, Schlepplänge: 520 m), am Heidental.
Gaststätten: Zum Braunen Roß, A.-Bebel-Str. 1; Zur Erholung, E.-Thälmann-Str. 21; Café, E.-Thälmann-Str. 44; FDGB-Erholungsh. „H. Duncker", R.-Breitscheid-Str. 43.
Medizinischer Dienst: Landambulanz (Außenstelle), E.-Thälmann-Str. 53, Tel. Schönbrunn 5 46.
Ausflugsgaststätte: Schnetter Waldschenke (3 km v. Heubach).

Langenbach

Der kleinste Ferienort (200 Einwohner) des oberen Waldgebietes liegt am Südhang des Thüringer Waldes im Tal des Langenbaches, der dem Ort seinen Namen gab. Die ruhige Lage (ohne Durchgangsverkehr und Industriebetrieb), eine waldreiche Umgebung und das FDGB-Erholungsheim „Langenbachtal" (1981 fertiggestellt) ermöglichen jährlich etwa 1800 Gästen erholsame Urlaubstage.
Von großer Bedeutung für die Thüringer Glasindustrie war die 1525 gegründete und bis 1589 betriebene Dorfglashütte. Sie war Grundlage vieler Glashüttengründungen in Thüringen (u. a. in Fehrenbach und Lauscha).

Rat d. Gemeinde: 6111 Langenbach, Dorfstr. 24, Tel. Schönbrunn 4 50.
Kulturstätten: Naturtheater „Deutsch-Sowjetische Freundschaft"; FDGB-Erholungsh.; Bibliothek, Dorfstr. 24.
Sportstätte: Freiluftkegelbahn.
Gaststätte: FDGB-Erholungsh.
Medizinischer Dienst: vgl. Schönbrunn und Waldau

Schnett

Die schmucken schieferbeschlagenen Häuser von Schnett (830 Einwohner) schmiegen sich an den Südabhang des markanten und wegen seiner Fernsicht bekannten Simmersberges (780 m). Der Ort hat sich durch seine schöne Lage und seine landschaftlichen Vorzüge zu einem beliebten Ferienort entwickelt. Mit einer Höhe von 700 bis 720 m gehört er zu den höchstgelegenen und schneesichersten Orten des oberen Waldgebietes und garantiert gute Wintersportmöglichkeiten. Das im Jahre 1977 fertiggestellte FDGB-Erholungsheim „Kaluga" ist mit Sauna, Skiausleihstation und Schwimmbecken eines der attraktivsten des oberen Waldgebietes und hat einen wesentlichen Anteil am guten Niveau der Urlauberbetreuung besonders in Schnett. Das Urlauberwohnheim, Privatquartiere, die Jugendherberge „Ernst Heilmann" sowie die Bungalowsiedlung bieten jährlich etwa 18500 Gästen behagliche Unterkünfte. Ein schönes Freibad mit der Schnetter Waldschenke in unmittelbarer Nähe und der zwischen Schnett und Heubach gelegene Skischlepplift laden zur sportlichen Betätigung ein.
Schnett gehört zu den ältesten Siedlungen des oberen Waldgebietes und wird 1410 erstmals urkundlich als „tzu der Sneid" oder 1492 als Schneyd erwähnt. Beide Namen lassen auf Freischneiden des Waldes, auf einen Walddurchbruch, schließen. Die Waldarbeit und das holzverarbeitende Gewerbe der Büttner, Schreiner und Holzschnitzer waren die Haupterwerbsquellen der Ansiedler über viele Jahrhunderte bis in die heutige Zeit. Das Herstellen und Bemalen von Bauerntruhen und die Möbelmalerei machten Schnett weithin bekannt. Bis in unsere Tage hat sich die volkskünstlerische Tradition der Truhen- und Möbelmale-

Schnetter Volkskunst, Spanschachtel

rei in Schnett erhalten. Die volkstümliche Schnetter Malerei mit ihren typischen Elementen wurde auch in die Gestaltung des Innenraumes der Schnetter Waldschenke einbezogen. Sie spiegelt sich auch in der 1981 von einheimischen Volkskünstlern ausgemalten und unter Denkmalschutz gestellten Kirche wider.
Ebenso traditionell und bis zur Mitte dieses Jahrhunderts wurde die Holzschnitzerei von Küchengeräten und Holzgegenständen für den täglichen Gebrauch betrieben, die von Hausierhändlern auch nach außerhalb verkauft wurden. Erwähnenswert ist ein aus dem Mittelalter stammender und bis heute erhaltener Brauch, die sog. Hullefranznacht, wobei es sich um eine Form des Vegetations- oder Totenkultes handeln soll. Am 2. Januar ziehen junge als Hulleweiber verkleidete Burschen von Haus zu Haus und verabreichen den Anwesenden 3 Schläge mit einer Haselrute auf den Rükken, die Gesundheit, Glück und Erfolg im neuen Jahr bedeuten. Danach bittet die Hullefrau um eine Gabe, die von ihrem Rutenträger in Empfang genommen wird. Die gleiche Zeremonie wiederholt sich am Abend in den Gaststätten, wo anschließend das gesammelte Geld vertrunken wird.
Schnett ist auch durch die Arbeiterbewegung bekannt geworden. Aus Anlaß einer proletarischen Sonnenwendfeier des Unterbezirkes Hildburghausen der KPD und des KJVD wurde am 6. Juli 1924 auf dem Simmersberg bei Schnett die Ortsgruppe Hildburghausen des RFB gegründet.

Kurverwaltung: 6121 Schnett, Neue Str. 2.
Kulturstätten: FDGB-Erholungsheim „Kaluga", E.-Heilmann-Str. 15; Bibliothek, Schulstr. 16.
Sportstätten: Freibad (1 km v. Schnett); Sportplatz, Skischlepplift am Heidental (2,5 km v. Schnett).
Gaststätten: FDGB-Erholungsh. „Kaluga", E.-Heilmann-Str. 15; Spindler, Simmersbergstr. 3; Simmersberg, Simmersbergstr. 27; Café Beez, Simmersbergstr. 58.
Medizinischer Dienst: Landambulanz (Außenstelle), Friedensstr. 12, Tel. Schönbrunn 5 94; DRK-Bergunfalldienst, Tel. Schönbrunn 5 63, 4 30.
Ausflugsgaststätte: Schnetter Waldschenke (1 km v. Schnett).

Schönbrunn

Das langgezogene Zeilendorf (2200 Einwohner) liegt im tief eingeschnittenen Schleuse- und Neubrunntal (400–500 m) umgeben von bewaldeten Bergen. Der Ort wurde Ausgang des 15. Jh. gegründet und besteht aus den ursprünglich selbständigen Gemeinden Schönau, Ernstthal, Unter- und Oberneubrunn sowie Gabel. Seit 1954 Erholungsort, beherbergt er heute jährlich 9000 FDGB-Urlauber, die in gut ausgestatteten Privatquartieren untergebracht sind. Schöne Wanderungen führen in die Berge und zur nördlich gelegenen Trinkwassertalsperre (Baden nicht erlaubt), die ein besonderer Anziehungspunkt in der landschaftlich schönen Gegend ist.
Im Ort befinden sich die bekannte und größte Gewürzmühle der DDR, der VEB Glaswerke sowie der VEB Ultramöbel.

Kurverwaltung: 6114 Schönbrunn, Gabeler Straße 3, Tel. 2 80.
Kulturstätten: FDGB-Erholungsh. „Hütte", Meininger Hof (Kino).
Sportstätten: Freibad; Sportplatz; Pionierschanze.
Gaststätten: Meininger Hof, Neustädter Str. 10; FDGB-Erholungsh. „Hütte", Eisfelder Str. 22; Wilder Mann, Neustädter Str.; Zum fröhlichen Jäger, Gabeler Str. 1; Zur Talsperre, Gabeler Str.; Konsum-Café, Eisfelder Str. 34.
Taxi: Karl Koch, Neustädter Str. 74, Tel. 4 75.
Medizinischer Dienst: Landambulanz, Neustädter Str. 30, Tel. 2 74, 2 75; Gemeindeschwesternstation, Neustädter Str. 12, Tel. 3 73; DRK, Tel. 3 02, 3 95, 5 91; Apotheke, Neustädter Str. 13, Tel. 2 67.
Ausflugsgaststätte: Schönbrunner Berghütte, Köpfchen (2 km v. Schönbrunn).

Die **Schönbrunner Talsperre** entstand in einer 12jährigen Bauzeit (1967–1979) und dient zur Trinkwasserversorgung der Bevölkerung des Bezirkes Suhl sowie zum Hochwasserschutz für das Schleuse- und Werratal. Die erste Trinkwasserlieferung erfolgte im Jahr 1975. Zur Zeit werden etwa 160000 Einwohner versorgt, und bei voller Auslastung ist eine Belieferung für 300000 Menschen vorgesehen. Die drei Zuflüsse Schleuse, Gabel und Tanne füllen das Bekken mit einem Stauinhalt von etwa

Schönbrunn, Fachwerkhaus

23 Mill. m^3 Wasser. Ein 66 m hoher und 250 m langer Steinschüttdamm mit einer Außenhautverdichtung staut das Wasser. Die Staufläche beträgt 100 ha. Das Einzugsgebiet der Talsperre umfaßt 30 km^2 und hat mit einer zu 90 % bewaldeten Fläche günstige Voraussetzungen zur Reinhaltung des Wassers. Eine Vorsperre sorgt zusätzlich für die Zurückhaltung von Geröll, Sink- und Schwebestoffen sowie Nährstoffen. Im Staubereich, vor dem Dammfuß, steht der Trinkwasserentnahmeturm (75 m Gesamthöhe), von dem das Talsperrenwasser an die Aufbereitungsanlage weitergeleitet wird, ehe es von dort seinen Weg in das Fernwassernetz nimmt. Baden und Wassersport sind im gesamten Bereich des Staubeckens verboten.

Steinbach

Der kleine Ort (300 Einwohner, 640 m) liegt am Südhang des Thüringer Waldes und tritt 1465 erstmals urkundlich in Erscheinung. Bekannt wurde der Ort durch das Naturtheater „Deutsch-Sowjetische Freundschaft", das Steinbacher und Langenbacher Bürger, viele freiwillige Helfer sowie Angehörige der Sowjetarmee in den Jahren 1955/57 erbauten. Es bietet 3000 Besuchern Platz und gehört zu den schönsten Naturbühnen der DDR. Etwa 70000 Besucher erfreuen sich jährlich an den Aufführungen des Meininger Theaters.
Ein Teil der Ortsbewohner ist im Betriebsteil des VEB Vereinigte Netz- und Seilwerke Heidenau beschäftigt.

Rat d. Gemeinde: 6111 Steinbach, Schönauer Str. 1, Tel. Schönbrunn 5 15.
Kulturstätte: Naturtheater „Deutsch-Sowjetische Freundschaft".
Gaststätten: Waldklause, Schönauer Str. 14; Erholung, Hauptstr. 29.
Medizinischer Dienst: vgl. Schönbrunn u. Waldau.

Steinbach, Naturtheater „Deutsch-Sowjetische Freundschaft"

Waffenrod-Hinterrod

Der Doppelort (1969 vereinigt) mit 632 Einwohnern liegt auf einer plateauähnlichen Fläche zwischen den Tälern der Werra und Biber in 650–700 m Höhe. Das Holzpferdchen im Ortswappen symbolisiert das Gewerbe der Holzschnitzer, das sich bis in die Gegenwart erhalten hat. Waffenrod-Hinterrod gehört zum Gemeindeverband „Oberes Waldgebiet", beherbergt seit 1954 FDGB-Gäste und bekam 1977 das Prädikat als staatlich anerkannter Ferienort (jährlich etwa 5 600 Urlauber).
Beide Orte entstanden als selbständige Rodungssiedlungen an der Handelsstraße Nürnberg–Erfurt und wurden 1332 und 1317 zum erstenmal urkundlich erwähnt.

Kurverwaltung: 6121 Waffenrod-Hinterrod, Hauptstr. 58, Tel. Eisfeld 23 38.
Kulturstätte: Bibliothek u. Bergfrieden, Hauptstr. 34.
Sportstätte: Sportplatz.
Gaststätten: Park-Café, Hinterrod; Auegrund; Bergfrieden; Lindner, Waffenrod.
Medizinischer Dienst: Gemeindeschwesternstation u. DRK, Hauptstr. 58, Tel. Eisfeld 23 38.
Ausflugsgaststätte: Werraquellenbaude (5 km v. Waffenrod-Hinterrod).

Waldau

Der im geweiteten Schleusetal in 410 m Höhe gelegene gepflegte Erholungsort (950 Einwohner mit OT Oberrod) ist von den Höhen des Vorlandes und den Bergen des Thüringer Waldes umgeben. In der Nähe bieten sich dem Wanderer mit der Trinkwassertalsperre Schönbrunn, dem Naturtheater in Steinbach/Langenbach, dem Bergsee Ratscher (Bademöglichkeit) sowie dem Naturhistorischen Museum (m. Spielzeugausstellung) in Schleusingen attraktive Ausflugsziele. Die etwa 5 600 FDGB-Feriengäste (jährlich) sind in Privatquartieren und Bungalows untergebracht und werden kulturell und gastronomisch im FDGB-Erholungsheim „Bergkristall" betreut.
Das 1925 gegründete Glaswerk sowie ein Holz- und Plastverarbeitungsbetrieb bieten den Einwohnern Arbeitsmöglichkeiten.

Kulturverwaltung: 6111 Waldau, Hauptstr. 86, Tel. Brattendorf 3 75.
Kulturstätte: FDGB-Erholungsh. „Bergkristall".
Sportstätte: Sportplatz.
Gaststätten: FDGB-Erholungsh.; Café Edelmann.
Medizinischer Dienst: Ambulanz, Hauptstr. 86, Tel. Brattendorf 3 81; Gemeindeschwester, Mühlenstr. 24.
Ausflugsgaststätte: Brunnenbergbaude (0,5 km v. Waldau).

Waldau, FDGB-Erholungsheim „Bergkristall"

Städte

Eisfeld

Das Städtchen Eisfeld, ein Straßenknotenpunkt im südlichen Vorland des Thüringer Waldes, liegt am Oberlauf der Werra in reizvoller Hügellandschaft 450–550 m ü. NN und zählt heute etwa 5 100 Einwohner. Der Ort entstand als Gründung der fränkischen Grafen Asis und Erpho im 8. Jh. und wird erstmals urkundlich im Jahre 802 als „Asifeld" genannt. Er entwickelte sich im Laufe des Mittelalters zu einem Marktflecken in der Nähe der Burg „Esefeld" und zu einem Etappenort an der Handelsstraße Nürnberg–Erfurt, der 1323 von Graf Berthold VII. von Henneberg Stadtrecht erhielt. Damals wurde die sogenannte „Neustadt" erstmals mit einer Mauer umgeben. Die wirtschaftliche Grundlage der Stadt im 15. und 16. Jh. bildeten das Zunfthandwerk, vor allem Leineweberei, Tuchmacherei, Gerberei, Mühlengewerbe sowie die Landwirtschaft und Dienstleistungen für den Durchgangsverkehr. Die Einrichtung einer Saigerhütte 1479 an der Werra brachte Eisfeld einen bedeutenden Aufschwung. Eisfeld blieb im Zeitalter der feudalen Kleinstaaterei eine typische Ackerbürgerstadt, bis sich hier gegen Ende des 19. Jh. allmählich die Industrialisierung anbahnte.

In den Jahren nach 1945 entwickelte sich die Stadt zum wirtschaftlichen und gesellschaftlichen Mittelpunkt, besonders des oberen Werra- und Schleusegebietes, zum Sitz des Gemeindeverbandes (1976) und zum Standort volkseigener Betriebe: VEB Carl Zeiss, VEB Feintechnik, VEB Porzellanwerk Veilsdorf/Betrieb Eisfeld, VEB Anker/Mechanik, VEB Thüringer Möbelkombinat, VEG Färsenproduktion.

Ein besonders charakteristisches Bild von der historisch gewachsenen Anlage der Stadt Eisfeld gewinnt der Betrachter, wenn er sich aus nördlicher Richtung, vom Gebirge her, dem Ort nähert. Während sich im Talgrund der Werra die freundlichen Gassen und Plätze der Altstadt ausbreiten, erstreckt sich auf dem höher gelegenen Muschelkalkplateau die **ehemalige „Neustadt"**, umgeben von den massiven Resten der Stadtbefestigung, die Ende des 17. Jh. neu errichtet worden war. Schloß und Kirche begrenzen und bestimmen als bauliche Dominanten die Silhouette des alten Stadtkernes. Die spätgotische **Stadtkirche** (1488–1505), eine Hallenkirche mit wuchtigem Turm, mit hohen Pfeilern und baldachinartig ausgehauenen Portalen, ist ein schönes Beispiel sakraler Baukunst in Südthüringen. Zu einer architektonisch reizvollen Gebäudegruppe um die Kirche gehört das **Pfarrhaus** mit Sandsteinsockel und reich verziertem Fachwerkobergeschoß (16./17. Jh.), Wirkungsstätte der Reformatoren Nikolaus Kindt und Justus Jonas (1493–1555), dessen Grabstätte sich in der Kapellenruine des Alten Friedhofes, am Eingang der Wilhelm-Pieck-Straße, befindet. Das Ensemble wird ergänzt durch das schmucke Fachwerkhaus der **Alten Schule** (1575), eines der ältesten noch heute genutzten Schulgebäude unseres Landes, mit zwei Rundbogenportalen und lateinischen Inschriften. Diese berichten von Bauherren und Lehrkräften der Schule im 16./17. Jh. An der Südostecke der Alten Schule ist eine gedrungene Sandsteinplastik in das Mauerwerk eingelassen, die einen bärtigen Mann in mittelalterlicher Bauerntracht mit Knotenstock und Hund darstellt, das sogenannte **Schulmännle**. Der Volksmund deutet es als Schäfer, der einen Schatz gefunden und ihn zum Bau der Schule gestiftet haben soll. Nur Wenige wissen, daß die Figur 1955 als naturgetreue Nachbildung des durch Witterungseinflüsse beschädigten Originals von Steinmetzmeister Arno Körschner nachgestaltet wurde; das echte alte „Schulmännle" ist seit seiner Restaurierung im Museum Eisfeld ausgestellt.

Die schlichten Bürgerhäuser im Bereich der Thälmannstraße und des Marktes (Platz des Friedens) und der nüchterne Zweckbau des Rathauses (1833) wurden überwiegend nach dem Stadtbrand von 1822 errichtet. Über dem Rundbogenportal des **Rathauses** ist ein aus Sandstein gehauenes Wappenrelief mit der Jahreszahl 1557 erkennbar. Es zeigt in der Mitte die Meißner Kurschwerter und in vier Feldern den Thüringer Löwen, den brandenburgischen Adler, den sächsischen Rautenkranz und den Meißner Löwen – eine Erinnerung an den häufigen Wechsel der Landesherrschaften im Mittelalter und an den Übergang der Stadt Eisfeld in sächsische Landeshoheit seit dem Ende des 14. Jh. Zwei weitere Wappensteine, vermutlich von 1833, sind an der Marktecke des Rathauses sichtbar: das Eisfelder Stadtwappen mit dem Meißner Löwen und Schwert sowie ein Wap-

EISFELD

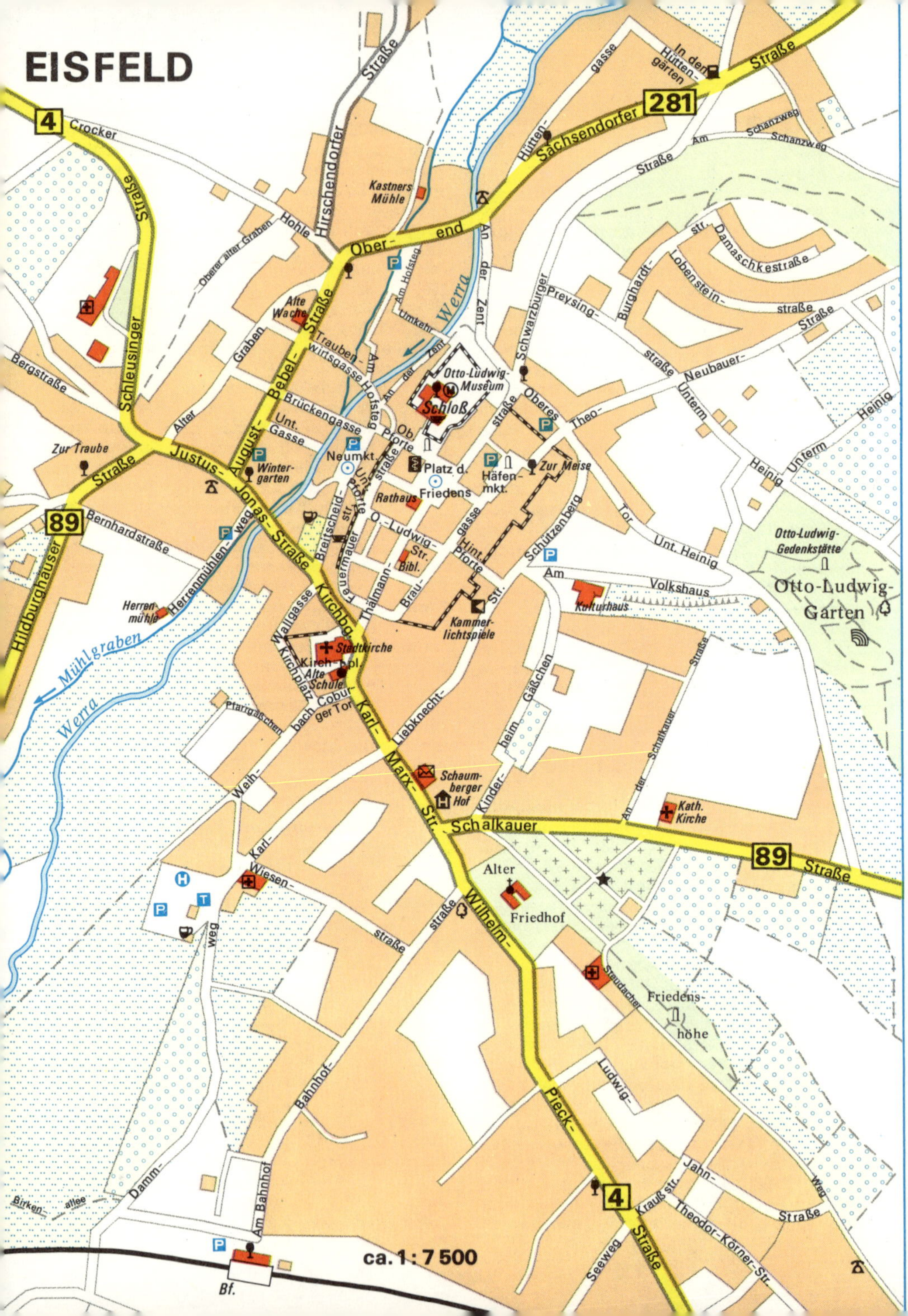

Crocker Straße
Schleusinger Straße
Hohle
Hirschendorfer Straße
Kastners Mühle
Ober- end
Sachsendorfer Straße
Hütten- gasse
In den Hütten- gärten
Am Schanzweg
Schanzweg
Oberer alter Graben
Alte Wache
August-Bebel-Straße
Trauben- wirtsgasse
Am Hofsteg
Werra
An der Zent
Umkehr
Schwarzburger
Preysing-
Burghardt-
Damaschkestraße
Lobenstein-
straße
Bergstraße
Graben
Alter
Brückengasse
Unt. Gasse
Otto-Ludwig-Museum
Schloß
Ob. Pforte
Oberes
Theo-
Neubauer-straße
Unterm Heinig
Zur Traube
Justus-Jonas-Straße
Winter- garten
Neumkt.
Unt. Pforte
Platz d. Friedens
Häfen- mkt.
Zur Meise
Rathaus
O.-Ludwig-Str.
Bibl.
Hint. Pforte
Schützenberg
Tor
Unt. Heinig
Otto-Ludwig-Gedenkstätte
Otto-Ludwig-Garten
Bernhardstraße
Hildburghauser
Herrenmühlen- weg
Herren- mühle
Breitscheid- str.
Feuermauer
Thälmann- Str.
Brau-
Am Volkshaus
Kulturhaus
Kammer- lichtspiele
Mühlgraben
Wallgasse
Kirchbg.
Stadtkirche
Kirch- pl.
Alte Schule
Kirchplatz
Coburger Tor
Pfarrgäßchen
Karl-Marx-Str.
Liebknecht-
Gäßchen
Kinder- heim
An der Schalkauer Straße
Weih-
Schaum- berger Hof
Schalkauer Straße
Kath. Kirche
Karl-Wiesen-weg
Alter Friedhof
Wilhelm-Pieck-Straße
straße
Steudacher
Friedens- höhe
Bahnhof- straße
Ludwig-
Jahn-Straße
Krauß-str.
Theodor-Körner-Str.
Weg
Seeweg
Damm-
Birken- allee
Am Bahnhof
Bf.
4
281
89
ca. 1 : 7500

penschild mit Krone und den verschlungenen Initialen B E F (Bernhard Erich Freund, Herzog von Sachsen-Meiningen); bei der Restaurierung des Rathauses 1987 kamen die verwitterten Inschriften der Wappensteine wieder deutlich zum Vorschein. Der runde **Marktbrunnen**, 1790 aus Sandstein gehauen, mit einer Brunnensäule von 1906, ist solide Steinmetzarbeit.

Nur wenige Schritte sind es von hier bis zum Schloßvorplatz; dort steht auf einem hohen Steinsockel die Bronzebüste des Dichters **Otto Ludwig** aus Eisfeld (1813–1865), die 1891 von Otto Lang im Auftrage des Herzogs Georg II. von Sachsen-Meiningen geschaffen wurde. Alte schmiedeeiserne Wirtshausschilder schmücken die Toreinfahrt des **Schlosses**, das sich auf einem Felsvorsprung oberhalb des Werratales erhebt, eingegliedert in das nordwestliche Teilstück der Stadtmauer. Der hufeisenförmige Gebäudekomplex (11./19. Jh.) mit dem wuchtigen runden Turm ist aus einer feudalen Burganlage an der Ostgrenze des Grabfeldgaues hervorgegangen, die im Mittelalter als Stützpunkt der Landesherrschaften gedient hat. Sie wurde im 18. Jh. zum Witwensitz der Herzoginnen von Sachsen-Hildburghausen ausgebaut und diente später als Verwaltungssitz und Amtsgefängnis. 1949 entstand im Schloß das **Museum „Otto Ludwig"**, das in Verbindung mit Konzertsaal und Kulturräumen große Bedeutung für das gesellschaftliche Leben der Stadt und ihrer Umgebung gewann. Das Profil des regional- und kulturgeschichtlich orientierten Museums wird von Ausstellungen zur Geschichte der südthüringischen Porzellanindustrie, zu historischen Gewerben des Wald- und Vorwaldgebietes und zur bäuerlichen Volkskultur bestimmt. Die Kleine Galerie des Kulturbundes ist mit einem regelmäßigen Sonderausstellungsprogramm im Museum vertreten.

Wer Näheres über das Leben des Dichters Otto Ludwig erfahren möchte, kann vom Schloß aus in wenigen Minuten zur **Otto-Ludwig-Gedenkstätte** wandern, die inmitten einer romantischen Parkanlage am Heinig zu finden ist. Am Berghang des „Otto-Ludwig-Gartens" steht das kleine, 1814 in spätklassizistischem Stil erbaute Sommerhaus, in dem Otto Ludwig seine Jugendjahre verlebte. Es enthält heute einen Wohnraum mit Erinnerungsstücken an die Familie und einen Memorialraum mit Werkausgaben und Handschriften des Dichters, der vor allem durch seine Erzählungen „Zwischen Himmel und Erde" und „Die Heiterethei" zum Vertreter realistischer deutscher Erzählkunst des 19. Jh. geworden ist. Das Bronzestandbild des jungen Dichters unterhalb des Gebäudes schuf 1934 der in Eisfeld geborene Bildhauer Carl Röhrig (1886–1972).

Die Freilichtbühne im unteren Teil des Parkes wird im Sommer für Kulturveranstaltungen genutzt. Der Rückweg stadteinwärts mit einem schönen Blick auf den von Häusern überbauten Mauerring der **Stadtbefestigung** führt vorbei am „Kulturhaus/Volkshaus", dem einstigen Schützenhof, auf dessen Bühne Otto Ludwig seine ersten Theaterversuche startete.

In der Talaue zu Füßen des Stadtzentrums, unterhalb der Feuermauer, breitet sich die **Altstadt** aus. Wenn sie auch keine spektakulären Sehenswürdigkeiten und Baudenkmale aufweist, so haben ihre sauberen kleinen Gassen zwischen den belebten Durchgangsstraßen und ihre verträumten Winkel an Werra und Mühlgraben viel Anheimelndes bewahrt. Unterhalb des Kirchberges, an der Ecke der Justus-Jonas-Straße/Breitscheidstraße, lädt ein kleiner Platz mit Holzbänken, Bratwurststand und Zeitungskiosk zum Verweilen ein. Die Breitscheidstraße, die frühere Schustergasse, in vergangenen Zeiten Wohn- und Arbeitsplatz zahlreicher Eisfelder Schuhmacherfamilien, verläuft bis zum Neumarkt. Das bescheidene Häusergeviert wird belebt durch einen roten im Jahre 1906 gesetzten **Sandsteinbrunnen**, der sein Wasser in eine vierpaßförmige Schale ergießt. Von hier aus führen zwei Aufgänge nach oben zur Feuermauer und zum Schloß, die **Untere Pforte** mit ihrem buckligen Kopfsteinpflaster und die **Obere Pforte** mit ihren steilen Treppenstiegen. Wer jedoch weiter durch die Altstadt bummeln möchte, sollte über die Werrabrücke nach rechts entlang dem Mühlgraben zum **Hofsteg** wandern, unter dessen schattigen Lindenbäumen zwischen gepflegten kleinen Häusern alljährlich seit 1963 das Sommerfest des Wohnbezirkes I ausgerichtet wird. Ganz in der Nähe, wo zum Werraufer hin das enge Gäßchen „Der Bettelumkehr" abzweigt, soll am Fuße des Schloßberges das Häuschen der Heiterethei gestanden haben, die von Otto Ludwig zur Titelgestalt seiner Kleinstadtgeschichte gemacht wurde. Auf der linken Seite der Sachsen-

Eisfeld

dorfer Straße, die den Hofsteg begrenzt, erhebt sich das stattliche und wohlerhaltene Gebäude der **Kastnersmühle**, die schon 1595 als „Mühle im Feld" genannt wird und noch heute mit Wasserantrieb arbeitet. Ein schlichtes Rundbogenportal aus Sandstein und ein Eckpfosten mit eingemeißelten Handwerkszeichen – Mühleneisen, Mühlrad und Zimmermannsbeil – schmücken die Vorderfront des Hauses.
Auf dem Rückweg durch das weiträumige Oberend gelangt man in die August-Bebel-Straße, die einstige Breite Gasse, deren Eingang durch das schiefergraue „Lügentürmle" flankiert wird. Das Türmchen beherbergte einst die Wohnung des Flurwächters und war Bestandteil der Stadtbefestigung (Hirschendorfer Tor) in der Nähe des „Alten Grabens", der die Altstadt schützend umgab und im 17. Jh. eingeebnet wurde. Seine originelle Bezeichnung, vom Volksmund durch das ständige Falschgehen der Turmuhr erklärt, dürfte eher damit zusammenhängen, daß das Gebäude im 18./19. Jh. vermutlich auch zur Verwahrung von Landstreichern dienen mußte.
Auf der anderen Straßenseite, an der Ecke der Taubenwirtsgasse, lohnt sich ein Blick auf die reichgegliederte Fachwerkfassade des ehemaligen **Traubenwirtshauses** (heute Friseurgeschäft Brückner) mit der Jahreszahl 1675 über dem Hauseingang.

Hotels: Schaumberger Hof, K.-Marx-Str., Tel. 22 64. Brattendorf (7 km v. Eisfeld): Immenhof, Tel. 4 38.
Kulturstätten: Museum „Otto Ludwig", Schloß; Otto-Ludwig-Gedenkstätte; Konzertsaal im Schloß; Lichtspieltheater; Zentralbibliothek; Freilichtbühne im Otto-Ludwig-Garten.
Gaststätten: Adler, Oberend 2; Zum Bahnhof, am Bahnhof; Felsenquelle, W.-Pieck-Str. 126; Wintergarten, Justus-Jonas-Str. 16; Zur Meise, Häfenmarkt 3; Zur Stürze, Oberend 37; Zur Traube, Hildburghäuser Str. 16; Georg Buff, Schwarzburger Str.; Schloßcafé, Pl. d. Friedens.
Kfz-Service: PGH „Gute Fahrt", Tel. 20 14.
Medizinischer Dienst: Landambulanz, Tel. 20 97; Staatl. Apotheke, Pl. d. Friedens.

Hildburghausen

Die Kreisstadt mit ihrem schönen Altstadtkern (s. Stadtrundgang) liegt südlich des Thüringer Schiefergebirges (381 m ü. NN) in der breiten Talaue der oberen Werra an der Bahnstrecke Meiningen–Eisfeld–Sonneberg sowie der F89 (Meiningen–Sonneberg). Sie ist kulturelles und administratives Zentrum des Kreises. Betriebe der Leicht- und Lebensmittelindustrie sowie das Schrauben- und Normteilwerk als bedeutendster Betrieb der Stadt bilden einen der ökonomischen Mittelpunkte für den Südthüringer Bereich.

Zu den wenigen Städten, die heute noch ein geschlossenes historisches Marktbild besitzen, gehört Hildburghausen (etwa 11400 Einwohner). Der langgestreckte rechteckige **Markt** (jetzt Marx-Engels-Platz) bildet mit seinen dreistöckigen Bürgerhäusern aus dem 18./19. Jh., dem ehemaligen Regierungsgebäude (um 1760 erbaut, jetzt Rat des Kreises) und vor allem dem unverwechselbaren Renaissance-Rathaus ein harmonisches Ensemble von schönen architektonischen Formen und ausgewogener Farbigkeit. (Stadtkern steht unter Denkmalschutz.) Besonders Häuser des 18. Jh. zeigen reichen Stuck im verspielten Rokoko- oder strengen Zopfstil in Form von Rocaillen mit Tiermotiven oder Girlanden und Medaillons. Die Dominante bildet sichtlich das Rathaus mit seinem kompakten Treppenturm mit mächtiger „welscher Haube", dem zierlichen Uhrtürmchen des Dachreiters und dem Schmuckgiebel. Das Rathaus wurde 1595 an der Stelle errichtet, wo ein älterer Rathausbau (1395) zwei Jahrzehnte zuvor durch einen Orkan stark beschädigt worden war. Anstelle des gotischen Baues, von dem noch einige Bogen in der Rathausgaststätte „Pelhrimow" zu sehen sind, entstand das Renaissancegebäude. Alte Innungszeichen über einem vermauerten Bogen auf der dem Markt zugewandten Seite erinnern an das wirtschaftliche Leben in dem mittelalterlichen Städtchen. Die Darstellungen von Hirtenhorn und Schafscheren weisen auf das einst einträgliche Gewerbe der Tuchmacherei hin, deren Grundlage eine ansehnliche Schafhaltung der Bürger war. Der Blick streift nach oben zu zwei in Stein gehauenen und farbig ausgemalten Wappen von 1684, links das Wappen der Hildburghäuser Herzöge, rechts das Wappen der Stadt.

Hildburghausen, Marx-Engels-Platz

Neben der Stadtverwaltung und einer Gaststätte beherbergt das Rathaus in seinem zweiten Stockwerk ein kleines **Stadtgeschichtliches Museum**, welches dem Besucher einen Überblick über die bewegte Historie des einstigen Ackerbürgerstädtchens, der späteren kleinstaatlichen Residenz und der heutigen Kreis- und Industriestadt Hildburghausen bietet.

Einige Stufen führen uns auf kurzem Weg vom Marx-Engels-Platz zum **Johann-Sebastian-Bach-Platz.** Bis 1945 stand dort das herzogliche Residenzschloß (erbaut 1685–1695). Reste des in den letzten Kriegstagen zerstörten Schlosses sind die repräsentative Gaststätte „Schloßkeller" in den noch erhaltenen Kellerräumen und ein Wappenstein an einem Rest der Grundmauer. Seit 1984 befindet sich auf dem Platz ein Ehrenmal für die Opfer des faschistischen Terrors.

Unterhalb des Schloßkellers überqueren wir die Straße und gelangen in den **Friedenspark.** Diese schöne Parkanlage entstand um 1700 als Barockgarten im französischen Stil. Ein Kanal umgibt die vier Seiten des ein strenges geometrisches Rechteck bildenden Parkes. Um Kanal und Park fließt, nur durch eine schmale Allee getrennt, die Werra. Diese kostspielige Anlage, von einem holländischen Wasserbaumeister geschaffen, verschlang Unsummen und führte neben dem luxuriösen Hofleben, zum wirtschaftlichen Ruin des Doudezfürstentums Sachsen-Hildburghausen. Ende des 18. Jh. wurde der Park in einen Landschaftspark nach englischem Vorbild verwandelt. An seiner Südostecke befindet sich das barocke **Stadttheater**. Um 1720 als Ball- und Fechthaus errichtet, wurde es um 1750 in ein herzogliches Hoftheater verwandelt, in dem einst verschiedene berühmte Theatertruppen, unter anderem die Truppe des Vaters von Carl Maria von Weber, gastierten.

Auf der Nordseite des Friedensparkes stoßen wir auf das längste noch erhaltene Stück der mittelalterlichen **Stadtmauer** mit zwei Türmen und einem nur noch teilweise erhaltenen dritten Turm. Eine steile Steintreppe führt uns wieder hinauf zum Stadtkern. Wir treffen auf die spätbarocke **Christus- oder Stadtkirche**, die anstelle der abgebrannten mittelalterlichen St.-Lorenz-Kirche um 1785 errichtet wurde.

Ein Brand von 1779 vernichtete in der Altstadt die Häuser der oberen Marktstraße, heutige Karl-Marx-Straße, der Knappengasse, der oberen und unteren Braugasse. Unter Leitung von E. v. Feuchtersleben wurden sie im einheitlichen „Zopfstil" neu erbaut, die Hauptstraße mit drei-, die Nebenstraßen mit zweistöckigen Gebäuden. Die Häuser aus dieser Zeit in der oberen Karl-Marx-Straße tragen teilweise, wie viele Häuser des Marktes, reizvolle Stuckverzierungen im Zopfstil.

Neben der Christus- oder Stadtkirche befindet sich die **ehemalige Bürgerschule,** in der zeitweise das Gymnasium, das Lehrerseminar und das Nonnesche Institut, die Wirkungsstätte des berühmten Hildburghäuser Pädagogen und Pestalozzischülers Carl Ludwig Nonne (1785–1854) untergebracht waren. Nonne veränderte das Schulwesen des Herzogtums Sachsen-Meiningen im fortschrittlichen Sinne und trug mit H. W. Rathke im 19. Jh. dazu bei, daß Hildburghausen über die Grenzen des Herzogtums Sachsen-Meiningen hinaus als „Stadt der Schulen" bekannt wurde.

Schräg gegenüber von der Christus- bzw. Stadtkirche steht der repräsentative Bau der heutigen **Joseph-Meyer-Oberschule.** Das ehemalige Brunnquellsche Haus war nach erwähntem Stadtbrand als Palais eines herzoglichen Ministers erbaut und 1828 an Minna Meyer, die Gattin des Verlegers Joseph Meyer, veräußert worden. Unter der Leitung des Verlagschefs, Publizisten, Schriftstellers und bürgerlichen Demokraten **Joseph Meyer** (1796–1856) wurde das Bibliographische Institut Hildburghausen im vergangenen Jahrhundert einer der produktivsten deutschen Verlage. Neben äußerst preiswerten Klassikerausgaben, mit denen Meyer getreu seinem Wahlspruch „Bildung macht frei" dem werktätigen Volk den Weg zur Literatur öffnen wollte, erschienen Atlanten und Stahlstichfolgen sowie das berühmte Meyers Konversationslexikon im Bibliographischen Institut Hildburghausen. Unter Joseph Meyer und seinen Mitarbeitern wurde Hildburghausen Zentrum der revolutionären Bewegung von 1848 im Herzogtum Sachsen-Meiningen. Im Jahre 1874 wurde das Bibliographische Institut in die Buchstadt Leipzig verlegt. Anschließend diente das Gebäude als Technikum, in dem H. W. Rathke von 1878 bis 1899 als Direktor wirkte (Gedenktafel an der Ostseite). Das ehemalige Verlagsgebäude wurde vor einigen Jahren denkmalgerecht rekonstruiert (Gedenktafel für Joseph Meyer an der Nordseite). Im Stadtmuseum wird das Wirken Meyers u. a. durch Ausstellung von Erstausgaben seines berühmten Verlages gewürdigt.

Gegenüber führt die enge, anheimelnd wirkende **Knappengasse**, in der die Zeit seit 100 Jahren stehengeblieben zu sein scheint, zum **Bertholdstor.** Dieses ist kein altes Stadttor, wie es der Name vermuten läßt, sondern ein geschickt als Pforte in einen Stadtmauerrest eingefügter ehemaliger Hauseingang.

Dann folgen wir der Geschwister-Scholl-Straße nach links bis zur Kreuzung Schleusinger Straße. An dieser Stelle beginnt die Anfang des 18. Jh. planmäßig angelegte **Neustadt** mit zweigeschossigen Häusern im schlichten Stil eines „bürgerlichen Barocks" (unter Denkmalschutz). Hier siedelten sich ab 1711 französische Hugenotten an, die die Kenntnis der Woll- und Strumpfwirkerei besaßen und verbreiteten.

Auf einer Abzweigung von der Schleusinger Straße vor dem Kreiskrankenhaus nach links gelangt man zu einer zierlichen Barockkirche (1722); einst der ehemaligen

HILDBURGHAUSEN

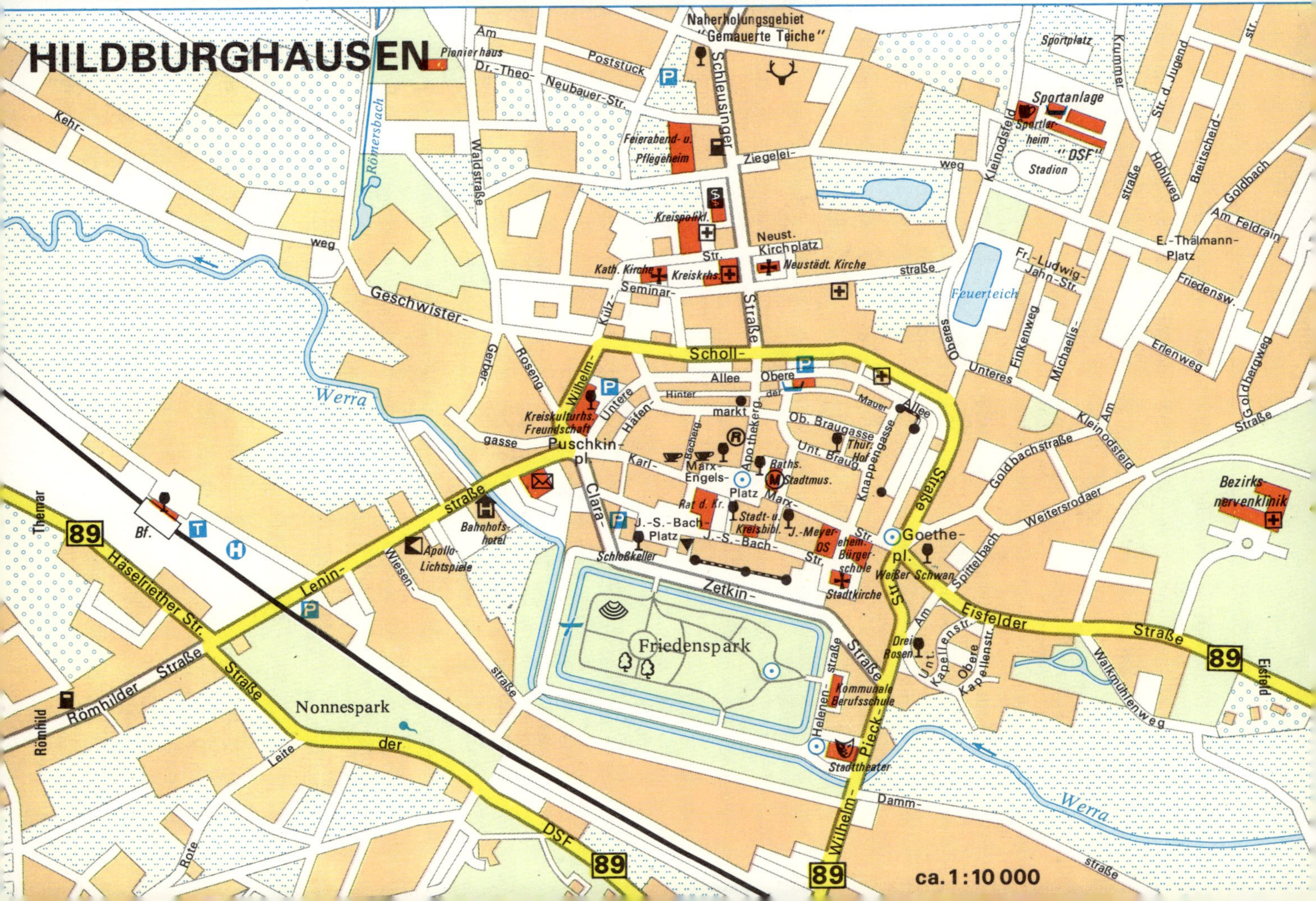

französischen reformierten Gemeinde zugehörig, jetzt **katholische Kirche.**
Die Schleusinger Straße verläuft stadtauswärts zum Neubaugebiet unserer Kreisstadt. Von dort zweigt rechts die Straße ab, die zu dem an Naturschönheiten reichen **Naherholungsgebiet „Gemauerte Teiche"** führt, einem Bestandteil des Landschaftsschutzgebietes „Hildburghäuser Wald". An dieser Abzweigung befindet sich der **Friedhof**, auf dem u. a. der Verleger Joseph Meyer, der Pädagoge Ludwig Nonne und der Altertumsforscher und erste Direktor des Gymnasiums Friedrich Sickler ihre letzte Ruhestätte fanden.
Auf der Schleusinger Straße kehren wir zurück in den Altstadtbereich. Vorbei an dem Gebäude „Alte Post" mit seinem schönen Renaissancetor erreichen wir die Apothekergasse, deren moderne Wohnblocks sich harmonisch in den historisch gewachsenen Stadtkern einfügen. Durch einen malerischen Arkadenbogen haben wir den Ausgangspunkt unseres Stadtrundganges, den Markt, wieder erreicht.

Information: Rat der Stadt, 6110 Hildburghausen, Marx-Engels-Pl. 25, Tel. 26 81; Reisebüro d. DDR, Apothekergasse.
Bahnhofshotel, Leninstr. 7, Tel. 22 70.
Kulturstätten: Stadt- u. Kreisbibliothek „Joseph Meyer", Joh.-Seb.-Bach-Str. 15; Kreiskulturhaus „Freundschaft", Puschkinpl. 8; Stadtmuseum, Marx-Engels-Pl. 1 (Stadtgeschichtliches u. Sammlung d. Erstausgaben des Bibliographischen Institutes Hildburghausen 1828/1874), Tel. 26 81, App. 004; Heimattierpark, Gemauerte Teiche.
Sportstätten: Sportanlage d. „Deutsch-sowjetischen Freundschaft" mit Freibad und Sportlerheim, Oberes Kleinodsfeld.
Gaststätten (Auswahl): Schloßkeller, Joh.-Seb.-Bach-Pl.; Pelhrimov, Marx-Engels-Pl. 1 (im Rathaus); Bahnhofshotel, Leninstr. 7; Zur Freundschaft, Puschkinplatz (im Kreiskulturhaus); Garküche, Marx-Engels-Pl.; Fränkische Leuchte, Marx-Engels-Pl.; Café „Zur Alten Post", Apothekergasse.
Kraftfahrzeuginstandsetzung, Bahnhofstr. 8, Tel. 30 75.
Taxi: VEB Kraftverkehr, Am Bahnhof, Tel. 28 55.
Ausflugsgaststätten: Spartenheim, im Naherholungsgebiet „Gemauerte Teiche" (2 km v. Stadtzentrum Hildburghausen).

Schleusingen

Die kleine Stadt (5500 Einwohner) am Südhang des Thüringer Waldes ist verkehrstechnisch gut mit Bus und Eisenbahn erreichbar. Erstmals wurde Schleusingen 1232 urkundlich als „villa slusungen" erwähnt und besaß 1268 bereits eine Stadtbefestigungsanlage, die heute noch teilweise erhalten ist. 1412 erhielt Schleusingen Stadtrecht. Zahlreiche Mühlen an den Wasserläufen von Erle, Nahe und Schleuse bestimmten die wirtschaftliche Entwicklung der Stadt im Feudalismus.
Im Vergleich zu anderen Städten und Orten Südthüringens hat sich die Arbeiterbewegung auf Grund der sozialökonomischen Struktur der Stadt erst spät entwickelt. 1920 entstand eine Ortsgruppe der KPD.
Nach 1945 vollzog sich durch Entstehung volkseigener Betriebe ein grundsätzlicher Wandel in der Sozialstruktur. Industrie, Handwerk und Landwirtschaft nahmen einen entscheidenden Aufschwung. Schleusingen ist seit 1955 Erholungsort und hat sich zu einem politischen, ökonomischen und kulturellen Zentrum des Gemeindeverbandes herausgebildet. Die bedeutendsten volkswirtschaftlichen Betriebe der Stadt sind der VEB Elektromotorenwerk, der VEB Thüringer Behälterglas und der VEB Elektrobauelemente.
Mit seiner landschaftlich schönen Umgebung dient Schleusingen als Ausgangspunkt für viele Wanderungen.
Von weitem sieht man das Schloß Bertholdsburg, und vom Rundgang des Hauptturmes überblickt man die ganze Stadt und Umgebung. Die Burg wurde zwischen 1226 und 1232 erbaut und bereits 1268 in einer Urkunde als „Castrum cum civitate" erwähnt. Ihr heutiges Aussehen erhielt sie im 15./16. Jh. durch Um- und Erweiterungsbauten. Sie war ständiger Wohnsitz der Grafen von Henneberg–Schleusingen bis zu deren Aussterben 1583, anschließend sächsischer und preußischer Verwaltungsbesitz. Nach 1945 wurde sie schrittweise zum kulturellen Zentrum der Stadt ausgebaut und beherbergt heute das Naturhistorische Museum des Bezirkes Suhl, das sich im Aufbau befindet, mit biologischen, paläontologischen, geologischen und regionalgeschichtlichen Abteilungen und einer Spielzeugausstellung. Unterhalb der Bertholdsburg liegt ein Park mit Brunnenhäuschen aus dem 16. Jh.

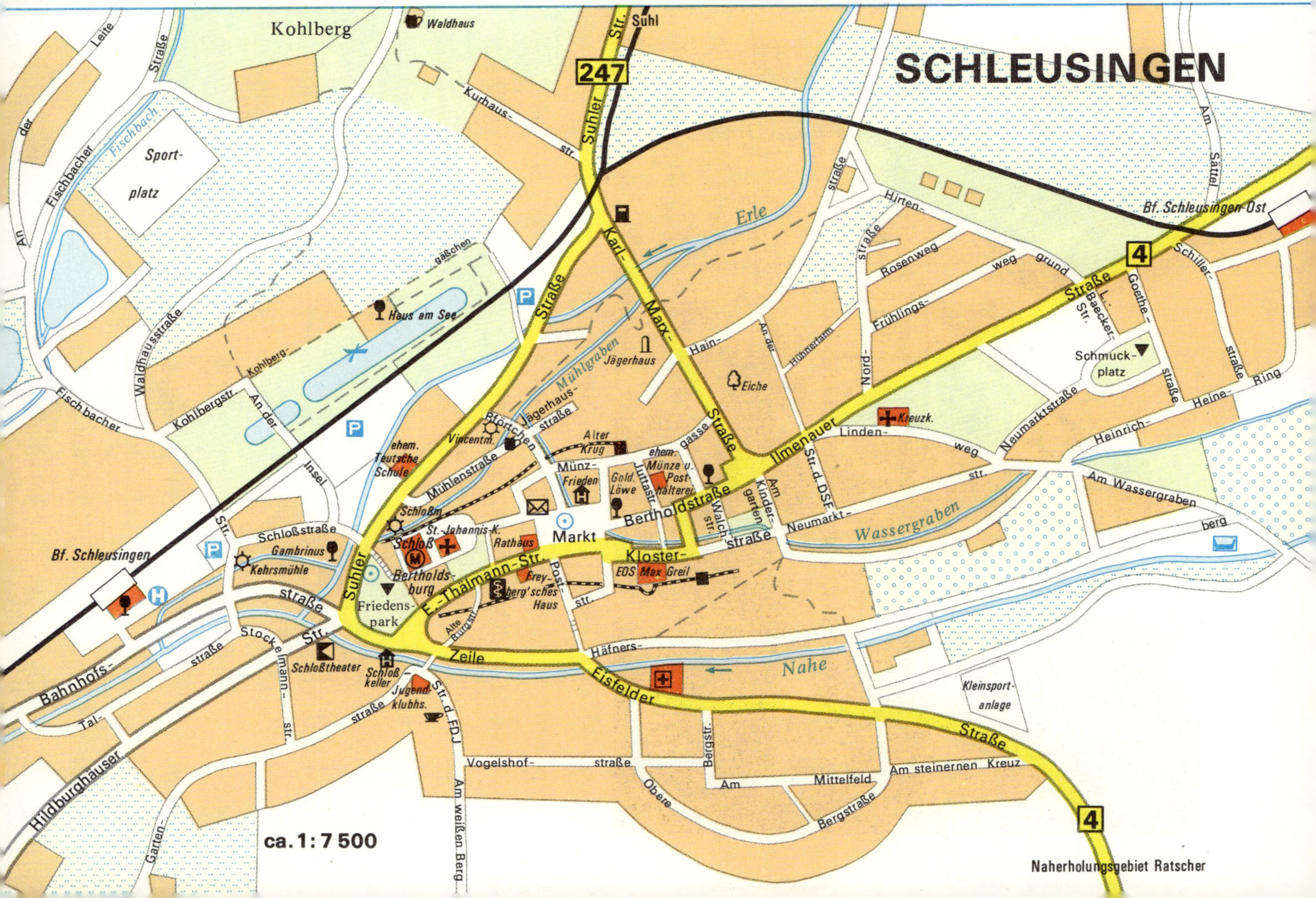
SCHLEUSINGEN
ca. 1: 7 500
Naherholungsgebiet Ratscher
Bf. Schleusingen
Bf. Schleusingen-Ost
247
4
Suhl
Suhler Str.
Suhler Straße
Karl-Marx-Straße
Ilmenauer Straße
Eisfelder Straße
Bertholdstraße
Kloster-straße
E.-Thälmann-Str.
Zeile
Markt
Kohlberg
Waldhaus
Kurhaus-str.
Sport-platz
Fischbach
Fischbacher Straße
An der Leite
Waldhausstraße
Kohlberggäßchen
Kohlbergstr.
An der Insel
Haus am See
Erle
Mühlgraben
Jägerhaus
Jägerhaus-straße
Hain-gasse
Eiche
An der Hünnertanz
Nord-straße
Frühlings-weg
Rosenweg
Hirten-straße
Grundweg
Goethe-straße
L.-Baecker-Str.
Schiller-straße
Heine-straße
Ring
Am Sättel
Schmuck-platz
Kreuzk.
Linden-weg
Neumarktstraße
Heinrich-str.
Am Wassergraben
berg
Wassergraben
Str. d. DSF
Am Kinder-garten
Neumarkt-straße
Walch-str.
Alter Krug
ehem. Münze u. Posthalterei
Münz-Frieden
Gold. Löwe
Juttastr.
Pförtchen
Vincentm.
ehem. Teutsche Schule
Mühlenstraße
Schloßm.
St. Johannis-K.
Schloß
Rathaus
Bertholds-burg
Friedens-park
Frey-berg'sches Haus
Post-str.
Alte Burgstr.
EOS Max Greil
Häfners-
Nahe
Kleinsport-anlage
Schloßstraße
Gambrinus
Kehrsmühle
Stockemann-str.
Bahnhofs-straße
Schloßtheater
Schloß-keller
Jugend-klubhs.
Str. d. FDJ
Tal-straße
Hildburghäuser
Garten-
Am weißen Berg
Vogelshof-straße
Bergstr.
Am Mittelfeld
Obere Bergstraße
Am steinernen Kreuz

Schleusingen, Kehrsmühle

Unmittelbar neben der Burg befindet sich die **St. Johanniskirche**, ein schlichter Sandsteinbau, der sein heutiges Aussehen im 18. Jh. erhalten hat.
Auf der Schloßstraße schräg gegenüber vom Bahnhof fällt auf der rechten Seite ein restauriertes Fachwerkhaus auf. Es ist die **Unter**- oder auch **Kehrsmühle** genannt, die 1323/1677 als Mahlmühle und anschließend als Ölmühle gearbeitet hat. Weitere schöne Fachwerkhäuser, die **Teutsche Schule** in der Suhler Straße, unterhalb der Bertholdsburg, und das **Freyberg'sche Haus** in der Ernst-Thälmann-Straße, sind Beispiele Henneberger Holzbauweise des 17. Jh.
Der heutige **Marktplatz** entspricht im wesentlichen der Anlage aus der Mitte des 19. Jh. Von der Ernst-Thälmann-Straße kommend, steht links das **Rathaus** (Markt 9) aus der 1. Hälfte des 16. Jh., verändert im nachgotischen Profanstil des 17. Jh. Dieses Gebäude war Witwensitz der letzten Henneberger Gräfin Elisabeth und wurde 1586 von der Stadt angekauft. Über dem Eingang befinden sich das sächsische und Stift-Naumburgische Wappen, links neben der Tür sind 2 eiserne Ellen eingemauert, das Brabanter und das sächsische Ellenmaß. Der **Marktbrunnen** (Ende des 16. Jh.) erhielt 1709 eine Brunnensäule (Standbild der Elisabeth).
Vom Markt führt das Pförtchen hinunter zur Suhler Straße. Einst gab es neben dem unteren und oberen Stadttor noch 2 Pförtchen, die ins Freie leiteten. Der Name hat sich bis heute erhalten. Biegen wir auf halber Höhe rechts in die Münzgasse ein, so gelangen wir am Froschmarkt vorbei nach wenigen Schritten zum **Heckenturm** oder auch Alter Krug genannt, einem noch gut erhaltenen Turm der alten Stadtbefestigungsanlage.
In der Juttastraße war das linke Eckhaus 1555 **Münzstätte** der Henneberger Grafen und diente danach zeitweise als Posthalterei. Setzen wir unseren Weg fort und überqueren die Bertholdstraße, so gelangen wir in das schmale Schulgäßchen, das direkt

zur heutigen EOS „Max Greil" führt. Diese Schule kann auf eine lange Geschichte zurückblicken. 1502 wurde an dieser Stelle das Barfüßerkloster erbaut, 1560 als öffentliche Landesschule eingerichtet und 1577 das Hennebergische Gymnasium durch Graf Georg Ernst gegründet. Der Neubau des roten Backsteingebäudes erfolgte 1870/74.

Gehen wir die Klosterstraße hinauf, kommen wir an einem kleinen Wasserfall vorbei. Sein Wasser kommt vom **Wassergraben**, der zu den ältesten wasserbaulichen Anlagen zählt (3,2 km lang mit einem Gefälle von 1,30 m auf der gesamten Strecke). Er wurde nach einem verheerenden Brand 1353 durch die Mönche angelegt und leitet das Wasser der Nahe von Hinternah nach Schleusingen.

Schleusingen hat nach allen Seiten eine schöne Umgebung, die teilweise durch Bus- und Eisenbahnverkehr erschlossen ist. Empfehlungswerte Wanderungen:

- Klosterstraße – Wassergraben –Schwimmbad – Einfirst – Ratscher (etwa 3 km)
- Ilmenauer Straße – Silbacher Berg (3 km) – Anfang des Vessertals (etwa 4 km)
- Kohlberg – Dreiherrnstein – Eiserne Hand (etwa 6 km) – Langebahn – Suhl-Mäbendorf
- Fischbacher Straße – Bärental – Rappelsdorf (etwa 6 km)
- Jugendklubhaus – Weißer Berg – obere und untere Stäte – Ratscher (2,5 km).

Hotels: Frieden, Markt 19, Tel. 4 92; Zum Schloßkeller, Burgstr. 27, Tel. 74 39.
Kulturstätten: Naturhistorisches Museum Schloß Bertholdsburg (m. regionalhistorischer Abt. u. Spielzeugausstellung).
Sportstätten: Städtisches Schwimmbad, Häfnersberg 44.
Gaststätten: Hotel Frieden, Markt 19; Hotel Zum Schloßkeller, Burgstr. 27; Gambrinus, Schloßstr. 2; Goldener Löwe, Markt 22; Zur Sonne, K.-Marx-Str. 1.
Medizinischer Dienst: Ambulanz, Eisfelder Str. 3, Tel. 2 21; Adler-Apotheke, E.-Thälmann-Str. 11, Tel. 2 57.
Ausflugsgaststätten: Haus am See, Kohlbergstr. (1 km vom Zentrum); Waldhaus, Kohlberg (2 km v. Schleusingen); Kulturhaus, OT Fischbach (3 km v. Schleusingen).

Fuß- und Skiwanderungen

1. Zur Werraquelle

Masserberg–Werraquelle (3 km)–Rennsteigwarte/Rennsteigbaude (2 km)–Masserberg = 6 km oder Waffenrod-Hinterrod–Masserberg = 16 km; Markierung: grüner Querstrich; Busverbindung Waffenrod-Hinterrod–Masserberg; empfehlenswerte Skiwanderung bei geringem Höhenunterschied; Wanderung für alle Jahreszeiten geeignet.

Wohl jeder, der sich in Masserberg oder seiner näheren Umgebung aufhält, wird eine Wanderung zu einem der markantesten Punkte unserer Gegend, der Werraquelle, unternehmen. Vom Parkplatz an der höchsten Stelle des Ortes folgt man dem Rennsteig nur etwa 150 m in Richtung Aussichtsturm und verläßt ihn, bevor er den Eselsberg hinaufsteigt, nach rechts. Ein breiter befestigter Weg, auch als Höhenweg oder **Eisfelder Straße** (vgl. 10. Wanderung) bekannt, führt zur Werraquelle (grüner Querstrich bis zur Wegegabelung). Stark ausgeforsteter Fichtenwald und Kahlschläge zu beiden Seiten des Weges erinnern an die Schneebruchkatastrophe von 1981/82 und deren Nachfolgeschäden durch verschiedene Fichtenschädlinge (Buchdrucker/Ips typographus, Kupferstecher/Pityogenes chalcographus). Ein Kahlschlag gibt nach wenigen Minuten in westlicher Richtung einen Blick auf Schnett und den Simmersberg (780 m) mit seiner Jugendherberge frei. Besonders zur Schneeschmelze sprudeln hier viele Rinnsale vom Rennsteig hinab ins Bibertal und den Eselsgrund und bilden erste Zuflüsse der Biber, deren Wasser über Schleuse, Werra und Weser bis zur Nordsee gelangen. Der Rennsteig als Wasserscheide wird während dieser Wanderung besonders deutlich. Eine Waldwiese, von der im Juni und Juli das kräftige Gelb der Arnikablüten (Arnika montana, unter Naturschutz) herüberleuchtet, durchbricht nach etwa 2,5 km den Fichtenwald. Am Wegweiser der dahinterliegenden Wegekreuzung verläßt man den Höhenweg nach links (von hier geradeaus nach Waffenrod-Hinterrod = 5,5 km, grüner Querstrich, vgl. 10. Wanderung), wandert nur etwa 70 m weiter und erreicht auf dem nach rechts abzweigenden Fußpfad (roter Querstrich) nach 0,5 km die Werraquelle. Vom Frühjahr bis Herbst und seit 1985 auch im Winter bewirtschaftet, laden die in den Jahren 1974/75 im Finnhüttenstil erbaute **Werraquellenbaude** und im Gelände befindliche Sitzgruppen zum Verweilen ein. Bei etwas Glück kann man hier, wie auch bei anderen Wanderungen, Rot-, Reh- und Muffelwild beobachten. Elf Stück Muffelwild wurden nach einer zweijährigen Anpassungszeit im Gatter 1970 in Crock bei Eisfeld ausgesetzt. Sie haben sich stark vermehrt und fühlen sich auch in unserer Gegend heimisch.

Werraquelle

Überlieferte Namen, wie die Gaststätte „Zur echten Werraquelle" in Fehrenbach oder „trockene" und „nasse" Werra, sowie ein Aufsatz „Der Krieg um die Werraquellen" von Prof. Johannes Bühring in „Des Rennsteigs steinerne Chronik" deuten den Streit um den Ursprung der Werra an, der sich bis in unsere Zeit zieht. Auf Grund einer allgemeinen Festlegung gilt die Werraquelle bei Masserberg und Fehrenbach als die eigentliche Quelle, dagegen die bei Siegmundsburg wird als Saarquelle bezeichnet. Eine Unterscheidung in Vordere (bei Fehrenbach) und Hintere Werraquelle (bei Siegmundsburg) hat sich nicht durchgesetzt. Oberförster Georg Schröder aus Heubach ließ die Werraquelle 1897 in Stein fassen. Am 14. 8. 1898 wurde sie bei einer Feier an den Thüringer Waldverein Fehrenbach übergeben.

Auf dem ansteigenden Pfad hinter der Werraquellenbaude wandert man wieder 0,5 km bis zum breiten Weg zurück. Diesem folgt man nach rechts bis zur nächsten Wegegabelung und läuft dann nach links den leicht ansteigenden befestigten Weg zum Rennsteig hinauf, vorbei an Aussichtsturm und Turmbaude (vgl. 2. Wanderung), anschließend den Eselsberg hinunter nach Masserberg.

Achtung: Skiwanderer, die ihre Skier vom Aussichtsturm nach Masserberg nicht tragen wollen (0,5 km steil abfallende Fahrstraße), wird von hier ein lohnenswerter Umweg über den Rennsteig zur Heidehütte und von dort links ab nach Masserberg empfohlen.

2. Nach Friedrichshöhe

Masserberg–Eisfelder Ausspanne (3,5 km)–Friedrichshöhe (7 km)–Pechleite (839 m)–Eisfelder Ausspanne–Heidehütte–Rennsteigwarte/Turmbaude–Masserberg = 16 km;
Markierung: grüner Querstrich, blaues Andreaskreuz;
Wanderung für alle Jahreszeiten geeignet; sie weist nur geringe Höhenunterschiede auf und kreuzt keine Verkehrsstraßen, deshalb bei Skiwanderern beliebt.

Am Georg-Lenz-Denkmal an der Augenheilstätte (Wegweiser/Wegemarkierung) beginnend, öffnet sich nach etwa 1 km beim Todtenkopf (Flurname) ein herrlicher Ausblick auf das Tälergewirr des oberen und mittleren Schwarzatales, auf Meuselbach und die sich nach rechts anschließenden Berge Meuselbacher Kuppe (789 m), Kirchberg mit Fröbelturm (785 m) und das Wurzelbergmassiv mit dem Großen Farmdenkopf (867 m), eines der längsten zusammenhängenden Bergmassive im Südthüringer Raum. Verdeckt von der Meuselbacher Kuppe und Kirchberg liegt Oberweißbach. Nach etwa 1 km verläßt man am Wegweiser den breiten bequemen Weg, erreicht nach etwa 200 m den Rennsteig und wandert auf ihm weiter zur **Eisfelder Ausspanne**, einem alten Paßübergang vom Werratal ins Schwarzatal (vgl. 11. Wanderung).

In gleicher Richtung läuft man auf dem breiten befestigten Weg weiter nach Friedrichshöhe und kann sich im Sommer an den schönen Blüten des Roten Fingerhutes (Digitalis purpurea), einem ständigen Begleiter am Wegrand, erfreuen.

Friedrichshöhe, die kleinste selbständige Gemeinde der DDR, hat 26 Einwohner (Stand 1986). Der Ort wurde 1725 von Glasmachern aus Fehrenbach und Stützerbach gegründet und erhielt seinen Namen nach dem damaligen Landesherren Ernst Friedrich I. des Herzogtums Sachsen-Hildburghausen. 1929 hatte der Ort mit 127 Einwohnern den höchsten Besiedlungsstand. Bis 1961 existierte hier eine der letzten Einklassenschulen der DDR.

Rat d. Gemeinde, 6421 Friedrichshöhe, Tel. Steinheid 4 98.
Gaststätte: Zum Rennsteig.

Am Ortseingang von Friedrichshöhe (Wegweiser in Richtung Masserberg) beginnen wir unsere Rückwanderung auf dem Rennsteig. Zunächst als breiter Fahrweg, verläßt er nach 1 km (Wegweiser, Schutzhütte) seinen bequemen Lauf und steigt nach rechts, nun wieder in seiner urwüchsigen Art hinauf zur **Pechleite** (839 m), und weiter zur Eisfelder Ausspanne. (Bei Skiwanderungen bietet sich an dieser Stelle für weniger geübte Skiläufer der in gleicher Richtung weiterführende Weg zur Eisfelder Ausspanne an, da die Abfahrt vom Rennsteig für Anfänger nicht geeignet ist.)
Wo der Rennsteig von der Pechleite abwärts verläuft, steht der **Germar-Gedenkstein**. Dieser Quarzstein, einer der letzten Zeugen, der an die ursprünglichen Grenzbezeichnungen erinnert, erhielt 1925 eine Gußplatte zum Gedenken an Bruno von Germar (1873–1924). Germar war ein begeisterter Rennsteigwanderer und Forscher und hatte 1912 mittels der Fotografie die schwarzburgische Gabel auf diesem Stein entdeckt und damit nachgewiesen, daß es sich um einen ehemaligen Grenzmarkierungsstein handelt.
Von der Eisfelder Ausspanne aus folgt man dem Rennsteig weiter zur Heidehütte und kann auf dieser Strecke einige der aus Sandstein gehauenen **Grenzsteine** bewundern, die zu den schönsten des gesamten Rennsteiges gehören. Auf dem Rennsteigabschnitt von Masserberg nach Neuhaus stehen sie in kurzen Abständen (50–100 m). Sie sind verziert auf der einen Seite mit der sächsischen Raute, dem ehemaligen Hoheitszeichen des Herzogtums Sachsen–Meiningen, und auf der anderen mit der Schürfgabel, die einst die Herrschaft der Fürsten von Schwarzburg–Rudolstadt symbolisierte. Wenige Meter von der Heidehütte entfernt steht einer der wenigen noch am Rennsteig existierenden **Dreiherrensteine**, die einst drei verschiedene Herrschaftsbereiche voneinander trennten, hier die Fürstentümer Schwarzburg–Sondershausen, Schwarzburg–Rudolfstadt und das Herzogtum Sachsen–Meiningen. (Näheres zur Geschichte des Rennsteigs vgl. Scheibe W., V. Wahl u. H. Heynert: Wanderatlas Rennsteigwanderung, Tourist Verlag, Berlin–Leipzig, 1986.)
Von der **Heidehütte**, einer Schutzhütte, die 1926 zur Erinnerung an das 30jährige Bestehen des Thüringer Waldvereins Masserberg erbaut wurde, läuft man auf dem Rennsteig weiter zum Eselsberg. Der Aussichtsturm, auch **Rennsteigwarte** genannt, bietet mit seiner Höhe von 29 m einen der schönsten und umfassendsten Rundblicke in Thürigen. Der jetzige Aussichtsturm, 1974 fertiggestellt, ist bereits der dritte auf dem Eselsberg. Der erste, 1949 fertiggestellte Holzturm wurde 1951 von einem starken Sturm zerstört. Der wenig später wieder aufgebaute Turm (19 m) wurde 1970 durch Blitzschlag stark beschädigt und deshalb abgebaut. Die Baude gleich nebenan bietet gute Einkehrmöglichkeit. Dem Rennsteig weiter folgend, erreicht man nach wenigen Minuten Masserberg.

Rennsteigstein (Grenzstein mit sächsischem Rautenkranz)

3. Nach Neuhaus

Friedrichshöhe (800 m)–Dreistromstein (2 km)–Limbach (737 m, 2 km)–Petersberg (819 m)–Sandberg (828 m)–Bernhardsthal (5 km)–Neuhaus a/Rennweg = 12 km;
Busverbindung Neuhaus–Limbach–Goldisthal;
Goldisthal (500–550 m)–Masserberg (803 m, 3 km) = steiler Anstieg.

Wer sich in Friedrichshöhe für eine längere Wanderung entscheidet, kann sie, auf dem Rennsteig zum Dreistromstein und dem Rennsteig dann weiter ostwärts folgend, nach Limbach oder Neuhaus fortsetzen.

Friedrichshöhe

Hinter Friedrichshöhe verläuft der Rennsteig bis zu den rechts gelegenen Soldatengräbern auf der Hauptstraße und erreicht als Waldweg nach 200 m den Dreistromstein. Die Soldatengräber der in den letzten Tagen des zweiten Weltkrieges z. T. noch unmündig Gefallenen, mahnen die Lebenden. Von hier kann man südwärts zur **Saarquelle** (1,5 km) bei Siegmundsburg gelangen (Näheres s. Werraquelle 1. Wanderung).

Der **Dreistromstein**, eine 1906 vom Rennsteigverein erbaute Dreikantpyramide, markiert die Wasserscheide zwischen den Stromgebieten der Weser, der Elbe und des Rheins und gehört zu den wichtigsten hydrographischen Punkten in Mitteleuropa. Der Sockel der Pyramide besteht aus den für den jeweiligen Flußbereich typischen Gesteinen: Elbe-Granit, Weser-Grauwacke und Rhein-Quarz. Gegenüber steht ein **Dreiherrenstein**, der einst die Kleinstaaten Schwarzburg-Rudolstadt, Sachsen-Coburg-Meiningen und Sachsen-Hildburghausen trennte.

Auf dem Rennsteig 2 km weitergehend, erreicht man Limbach, verweilt aber vorher an der Stelle, an der der Rennsteig aus dem Fichtenwald tritt und uns einen Blick auf die typischen Orte des Thüringer Schiefergebirges Limbach und Steinheid freigibt.

Der Name **Limbach** ist eng mit der Porzellanherstellung verbunden und dadurch bekanntgeworden, denn unabhängig von Böttger und Macheleid machte **Gotthelf Greiner** (1732–1797) am 14. November 1772 in Limbach seinen ersten Porzellanbrand und wurde als Nacherfinder des Porzellans bekannt. An der Straßenkreuzung lädt der Gasthof Limbach zur Rast ein. Gegenüber befindet sich das Greinersche Haus, an dessen Giebelseite bis vor kurzer Zeit noch das Kleeblatt als eines der Markenzeichen (auch gekreuzte L) des Limbacher Porzellans zu sehen war.

Von Limbach wandert man zum Petersberg hinauf und erblickt auf der rechts des Rennsteigs gelegenen Waldwiese in einer Baumgruppe versteckt die verfallene Grabkapelle der Familie Greiner. Auf der Höhe des **Petersberges** (819 m) angekommen, liegt rechts **Steinheid**, die einstige Goldbergbaustadt, die 1362 als Steinerne Heyde urkundlich erstmals in Erscheinung tritt und bereits 1530 zur freien Bergstadt erhoben wurde.

Danach geht es durch Fichtenwald und vorbei an Latschenkiefern (Pinus mugo) den **Sandberg** (828 m) hinauf. An den steil abfallenden Wänden eines Buntsandsteinbruches, dessen Kaolingehalt einst Grundlage zur Limbacher Porzellanherstellung war, läuft man den Sandberg wieder hinunter und berührt an der Steinheider Hütte kurz die Fernverkehrsstraße nach Neuhaus. In nördlicher Richtung bietet sich von hier ein Abstecher zur nahen **Schwarzaquelle** an. Über den Rollkopf (849 m) gelangt man nach **Bernhardsthal** zu der Rennsteigbaude und einem Waldbad.

Wenig später kommt man nach **Neuhaus a. Rennweg**, der höchstgelegenen Kreisstadt der DDR (830 m). Sie entstand 1923 aus den ursprünglich selbständigen Orten Schmalenbuche, Igelshieb und Neuhaus und bekam, um Verwechslungen mit Ortsnamen (z. B. Neustadt) in der nahen und weiteren Umgebung zu vermeiden, 1864 von der Post den Zusatz „Am Rennweg". Das Stadtzentrum von Neuhaus wurde 1945 durch amerikanischen Beschuß stark zerstört. Neuaufgebaut, ist es heute durch moderne Gebäude geprägt (Kreisratsgebäude, Kulturhaus und Wohngebäude). Am Rande der Stadt befindet sich der VEB Mikroelektronik „Anna Seghers", in dem viele Werktätige aus Neuhaus und den umliegenden Orten arbeiten.

Kurverwaltung, Rat d. Stadt, 6420 Neuhaus a. Rennweg, Kirchweg 2, Tel. 46 47.
Übernachtungen: Hotel „Hirsch", Sonneberger Str. 132; Jugendherberge „Karl Marx", Apelsbergstr. 54.
Kulturstätten: Kreiskulturhaus „Erich Weinert" (Bibliothek, Film u.a.), Eisfelder Str. 5; Jugendklubhaus, Kirchweg 10.
Sportstätten: Volksschwimmhalle (Sauna), Rennsteig; Skischlepplift, am Apelsberg (Höhenunterschied: 58 m, Schlepplänge: 270 m) und Schöne Aussicht (Höhenunterschied: 40 m, Schlepplänge: 270 m); Skiausleihstation, am Apelsberg; Dreischanzenanlage, Gründle; 2 gespurte Loipen, Rennsteig u. Gebietswanderweg; Waldbad, Berhardsthal.
Gaststätten: Gst u. Imbißstube, Kreiskulturhaus; Rennsteig, Sonneberger Str. 52; Café Oberland, Schwarzburger Str. 11; Bahnhof, Bahnhofstr. 10; Wiesengrund, OT Schmalenbuche; Hirsch, Sonneberger Str. 132; Gartenklause, Apelsberg; Spartenheim am Bornhügel; Zum Schloobam.
Medizinischer Dienst: Kreispoliklinik, Schöne Aussicht 39; Apotheke, Schwarzburger Str. 9.

4. Über den Langertfelsen und das Nadelöhr nach Heubach und Schnett

Masserberg–Langertfelsen–Nadelöhr (3,5 km)–Heubach (6 km)–Masserberg = 10,5 km oder Schnett (7,5 km)–Masserberg = 14,5 km; Busverbindung Heubach–Masserberg, Schnett–Masserberg und Fehrenbach–Masserberg; Wanderung für alle Jahreszeiten geeignet; beliebte Skiwanderung, besonders an windstillen Tagen (Freiflächen); schöne Ausblicke von der Bühringshütte, dem Langertfelsen und Simmersberg.

Am Ortsausgang bei der Bushaltestelle folgt man dem Rennsteig zunächst nach rechts in nordwestlicher Richtung (blaues Andreaskreuz, grüner Querstrich). Nach Erreichen des Fichtenwaldes wandert man, den Rennsteig ansteigend, zum **Fehrenberg** (835 m) hinauf. Auf der Anhöhe gibt der Rennsteig nach rechts einen Blick auf eine Waldwiese frei, auf der sich bis 1968 einer der höchstgelegenen Sportplätze befand. Skiläufern wird, dem Wegweiser folgend, der geradeaus weiterlaufende kürzere und einfachere Weg nach Heubach und Schnett empfohlen. Am Waldrand steht rechts die **Bühringshütte**, eine Schutzhütte, die an **Prof. Johannes Bühring** (1858–1937) erinnert, der sich um die Erforschung der Geschichte des Rennsteiges verdient gemacht hat. Von dieser Stelle hat man einen herrlichen Ausblick auf Meuselbach mit der Meuselbacher Kuppe, zum Kirchberg mit dem Fröbelturm und zum Wurzelbergmassiv. Schöne Ausblicke von und auf Masserberg rühmte bereits **August Trinius** (1851–1919) um 1900. Er verglich damals die Lage des Ortes mit einem Alpendorf und äußerte: „Die ganz wundervolle Schönheit des Ortes läßt noch einmal eine gute Zukunft für ihn als sommerlichen Luftkurort erhoffen." Der Rennsteig führt uns nach wenigen Metern an einem der ältesten Zeugen seiner wechselhaften Geschichte vorbei. Der rechts stehende Stein trägt auf der Vorderseite die Jahreszahl 1528, ursprünglich lautete sie 1598, und ist seitlich mit den Nummern 172 und 176 versehen. Dieser aus Sandstein gehauene ehemalige Grenzmarkierungsstein ist einer der ältesten aller **Rennsteigsteine**.
Nach wenigen Minuten erreicht man eine Schutzhütte. Hier verläßt man den Rennsteig und wandert in gerader Richtung durch den vom Schneebruch im Dezember 1981 stark gelichteten Fichtenwald zum **Langertfelsen** (0,5 km). Er ist ein Konglomerat, wie man geologisch zusammengeballte Gesteinstrümmer nennt (Entstehungszeit: Paläozoikum, Formation: Perm Rotliegend), und wurde nach dem 1914 im ersten Weltkrieg gefallenen Oberförster Arthur Langert aus Heubach benannt. Durch eine Leiter bequem zu besteigen, bietet er eine gute Fernsicht: von NW nach NO Adlersberg mit Turm (850 m), Eisenberg (908 m), Frauenwald, Großer Beerberg (982 m), Schneekopf (978 m), Großer Finsterberg (944 m), Kickelhahn (861 m), Neustadt a. R. und Gillersdorf. Skiwanderer sollten von hier bis zum Überqueren der Straße Masserberg–Heubach (200 m) die Skier tragen (steil abfallender Pfad).
Den Symbolen des Naturlehrpfades (vgl. 17. Wanderung, grüner Schrägstrich) folgend, wird nach 0,7 km das **Nadelöhr** erreicht. Es ist ebenfalls ein Konglomeratfelsen, hat eine Öffnung und den gleichen Gesteinsaufbau wie der Langertfelsen.

Nach wenigen Metern biegt man auf einen breiten befestigten Weg nach links in Richtung Heubach. Der Naturlehrpfad verläuft dagegen am Schröderfelsen vorbei nach Gießübel (2,5 km, Busverbindung von Gießübel mit dem Ringverkehr zurück nach Masserberg). Bei der nachfolgenden Wegegabelung läuft man geradeaus in Richtung Heubach. Etwas später erreicht man eine Wiese und trifft kurz danach auf die Fahrstraße, die links nach Heubach und rechts nach Schnett führt.

1. Wer sich für Heubach entschieden hat, geht nur wenige Meter nach links bis zur Einmündung in die von Masserberg kommende Fahrstraße (Wegweiser) und folgt ihr nach rechts zum Erreichen des Wanderzieles. (Die Fahrstraße wird im Winter nicht geräumt.) Die weiträumigen Weideflächen, die die Fahrstraße säumen, werden jährlich vom Frühjahr bis Herbst von Jungrindern des VEG Eisfeld abgeweidet.

2. Wer die Wanderung über Schnett ausdehnen möchte, läuft auf der wenig befahrenen Straße nach rechts und biegt nach etwa 1 km (Schutzhütte und Wegweiser) nach rechts auf die Hohe Straße (vgl. 14. Wanderung, grüner Querstrich, Bergstation des Heubacher Skiliftes) ein. Geradeaus durch Fichtenwald gelangt man nach 2,5 km zum **Schnetter Sportplatz**. Ein kurzer Aufstieg von hier hinauf zum **Simmersberg** (780 m) mit seiner Jugendherberge wird mit einem herrlichen Rundblick belohnt (vgl. 15. Wanderung). Das gleich am Ortseingang liegende FDGB-Erholungsheim „Kaluga" bietet gute Rastmöglichkeiten. Hier biegt man auf die Fahrstraße Schnett–Heubach und folgt ihr, vorbei am schön gelegenen Schwimmbad und der Schnetter Waldschenke, bis man nach 3 km Heubach erreicht.

Die Rückwanderung nach Masserberg beginnt am FDGB-Erholungsheim „Hermann Duncker", dabei bieten sich zwei Möglichkeiten an: 1. Heubach–Fehrenbach–Masserberg = 5 km (Für Skiläufer nicht geeignet). Oberhalb des Erholungsheimes (Parkplatz) wandert man auf dem Gebietswanderweg (roter Querstrich) am Friedhof vorbei, biegt gleich danach auf den sehr steil abfallenden schmalen Fußpfad ein und erreicht nach etwa 1 km **Fehrenbach**. Hier folgt man der Ortsstraße nach links bis zur Glashütte, dann weiter auf der Hauptstraße in Richtung Masserberg bis zum Ortsausgang. Nach Überqueren der Biber, die rechts der Straße fließt, geht man auf dem befestigten, ständig ansteigenden Weg durch Mischwald, an einigen Felsen der **Fehrenbacher Schweiz** vorbei, hinauf nach **Masserberg** (3 km). Trotz des Höhenunterschiedes von 150 m ist dieser etwas beschwerliche Weg durch das Bibertal sehr schön.

2. Die bequemere Rückwanderung nach Masserberg (5 km) ohne großen Höhenunterschied beginnt oberhalb des FDGB-Erholungsheimes „Hermann Duncker" auf der von Ebereschen gesäumten Fahrstraße. Beim Erreichen des Fichtenforstes (nach 1 km, Wegweiser und Schutzhütte) verläßt man die Straße und folgt halbrechts dem breiten, später leicht ansteigenden Weg zum Rennsteig hinauf und gelangt auf ihm nach Masserberg. (Skiwanderer müssen die 2. Variante wählen.)

5. Nach Fehrenbach

Masserberg–Fehrenbach (3 km) – Eselsgrund (660 m)–Masserberg (803 m) = 7 km;
für Skiwanderungen nicht geeignet; liebliche Täler, die besonders im Frühjahr und Herbst beachtenswert sind.

Wie bei der 1. Wanderung folgt man dem Rennsteig am Ortsausgang (Parkplatz) nur 150 m in Richtung Aussichtsturm, um dann nach rechts abzubiegen. 100 m weiter, gleich hinter dem einzeln stehenden Bungalow, geht man auf dem halbrechts abzweigenden breiten Weg talwärts in Richtung Fehrenbach. Die **Biber** entspringt auf der Wiese unterhalb des Parkplatzes und begleitet uns ebenso wie die am gegenüberliegenden Talhang verlaufende Hauptstraße nach Fehrenbach. Den Großen Stein, wie der baumbewachsene Felsen am Beginn des Bibertales genannt wird, hat der Sage nach ein Riese aus seinem Schuh geschüttet. Durch Fichten- und Buchenwald, später mit Ebereschen vermischt, geht es weiter talabwärts. Viele kleine Bäche und Rinnsale überqueren den Weg und lassen als erste Zuflüsse das Murmeln der Biber lauter werden. Vorbei an einigen baumbewachsenen Felsen der Fehrenbacher Schweiz, Konglomerate aus der Rotliegendzeit (Ton- und Phyllitschiefer, Grauwacken, Kieselschiefer), erreicht man nach 2,5 km **Fehrenbach**.

Bevor man die Rückwanderung beginnt, bietet sich eine Rast im FDGB-Erholungsheim „Fritz Sattler" an.
An der Straße nach Masserberg befindet sich rechts am Eingang zum **Eselsgrund** der Zigeunerfelsen, benannt nach einem ehemaligen Zigeunerrast- und -lagerplatz. Hier biegt man über eine Brücke in den Eselsgrund ein. Links entlang einem Gebirgsbach mit seinen vielen Windungen führt uns ein schmaler Fußpfad durch das wohl schönste Seitental der Biber bergan. Fichtenwald am rechten Talhang, einzelne kleine Fichtengruppen auf der bunten Bergwiese sowie Buchen und Fichten links unseres Pfades prägen das Landschaftsbild dieses Tales. Über den Ursprung des Namens Eselsgrund ist nichts Überliefertes bekannt, und selbst der Bach ist namenlos und nicht wie üblich nach dem Namen des Tales benannt. Nach wenigen Minuten erreicht man die Fehrenbacher Skihütte und erblickt am rechten Steilhang eine Waldschneise. Sie wurde in den Jahren 1961/62 als Slalomhang, hauptsächlich für das damalige Thüringer Dreipistenrennen, ausgeschlagen. Hier starteten damals die bekanntesten alpinen Skirennläufer der DDR. Hinter der Skihütte überquert man den Bach zunächst nach rechts und steigt nach wenigen Metern wieder auf die andere Seite über. Am Ende der Bergwiese schließt sich Fichtenwald an, und wenig später trifft man auf eine breite Straße, der man nach links in Richtung Masserberg folgt (geradeaus zur Werraquelle, rechts nach Fehrenbach).
Der bequem allmählich ansteigende Weg, wegen vereinzelter Birken auch Birkenweg genannt, gibt nach links des öfteren einen Ausblick auf Schnett und den Simmersberg frei. Der Rote Fingerhut (Digitalis purpurea) unterbricht hier die Monotonie des Fichtenwaldes. Nach etwa 2 km erreicht man wieder den Höhenweg, auf dem man in gleicher Richtung wenig später nach Masserberg gelangt.

6. Nach Goldisthal

Masserberg (803 m)–Sprungschanzen (1 km)–Rehtal–Goldisthal (500–550 m, 2 km)–Dunkeltal–Masserberg = 6 km; für Skiwanderungen nicht geeignet; großer Höhenunterschied von etwa 300 m. Die abwechslungsreiche Wanderung nach Goldisthal durch geschützte Seitentäler der Schwarza ist besonders an windigen und ungemütlichen Tagen auf der Rennsteighöhe zu empfehlen.

Aus Masserberg kommend, verläßt man hinter dem Haus Nr. 3 (gelber Querstrich) die Forsthausstraße nach links bergab, erreicht nach 150 m eine Wegegabelung und wandert auf der steil abfallenden ehemaligen Rodelbahn zu den **Sprungschanzen** weiter (1 km).
Die links am Südhang liegende **Hartungschanze** wurde 1920 erbaut und 1965 nach dem Gründer des Wintersportvereins von Masserberg, Revierförster Hartung, benannt. Im Laufe der Jahre mehrmals umgebaut, läßt sie jetzt Weiten bis zu 50 m zu (Schanzenrekord 49 m/1986). Am Gegenhang wurde 1972/1973 die **Rehtalschanze** angelegt, Schanzenrekord 28 m. Besonders die Rehtalschanze bietet den jungen Skisportlern des Trainingszentrums Ski/Masserberg im Winter wie auch in den Sommermonaten auf Kunststoffmatten gute Trainingsmöglichkeiten.
Von den Sprungschanzen wandert man weiter, die bisherige Richtung beibehaltend, vorbei an einem seltenen, besonders schönen Fichtenbestand (1984: 100 Jahre) und gelangt durch das reizvolle Rehtal nach Goldisthal (2 km). Die steil nach links abfallende Bergwiese vor Goldisthal, deren bunter Teppich im Sommer hauptsächlich von der Trollblume (unter Naturschutz) und anderen Hahnenfußgewächsen geprägt wird, und der Kontrast der Buchen- und Fichtenbestände im Frühjahr und Herbst lassen den Naturfreund an dieser Stelle verweilen. Hier hat man einen schönen Ausblick auf Goldisthal und das Wurzelbergmassiv.
Goldisthal, 1490 urkundlich erstmals erwähnt, war eng mit der Goldgewinnung verbunden. Bis 1774 wurde hier Gold bergmännisch und durch Waschen in der Schwarza und deren Zuflüssen gewonnen. Berg- und Flußnamen, wie Goldsberg, Rotseifenbach, Moostiegel usw., erinnern noch an diese Zeit. Die Schwarza war in Goldisthal z. Z. der Kleinstaaterei Grenzfluß zwischen den Fürstentümern Schwarzburg-Rudolstadt und Schwarzburg-Sondershausen, wobei die Kinder der Rudolstädter Seite nach Katzhütte und die der Sondershäuser nach Masserberg zur Schule gingen.

Die Rückwanderung beginnt man im Dunkeltal, das man nach etwa 1 km verläßt. Weiter ansteigend, geht man auf der befestigten Straße unterhalb des Steinbruchs weiter. Fast auf dem gesamten Streckenabschnitt, aber besonders hier, erinnert das graublaue Tonschiefergestein daran, daß wir uns im Thüringer Schiefergebirge befinden. Etwa 500 m hinter dem Steinbruch biegt man nach links in den Hohlweg (Totenhohle) ein und wandert durch Buchenbestände und Mischwald weiter nach Masserberg (2 km). Der Name erinnert daran, daß die Goldisthaler ihre Toten über diesen Weg einst zur Bestattung nach Masserberg trugen.

Gaststätten: Goldborn, Hauptstr. 49; Blechhammer, Hauptstr. 26; Klubhaus „Herbert Warnke", Hauptstr. 22.

7. Nach Neustadt

Masserberg–Triniusstein–Schwalbenhaupt–Laßmannstein–Teufelsbuche–Kahlert–Neustadt = 9 km;
Markierung: blaues Andreaskreuz;
für Skiwanderer von der Talstation des Masserberger Skiliftes auf Waldweg zum Schwalbenhaupt, anschließend wie oben.

Von der Bushaltestelle verläuft der Rennsteig in nordwestlicher Richtung zum **Fehren**- und **Ersteberg** hinauf. Nach etwa 2 km ändert er an der Schutzhütte spontan seinen Charakter und führt als Schluchtweg und ehemalige Grenzrinne nach rechts in nordöstlicher Richtung den Ersteberg hinunter. An Stellen, die einst durch natürliche Gegebenheiten nicht zu kennzeichnen waren, wurden Grenzrinnen angelegt, um die Grenze, die der Rennsteig an manchen Stellen einst bildete, markant zu machen. Im Auslauf des Ersteberges leuchten uns von Mai bis Juli die weißen sternförmigen Blüten des Europäischen Siebensterns entgegen. Wenig später überquert der Rennsteig die Fahrstraße nach Heubach, und man erreicht kurz danach links den baumbewachsenen **Triniusstein.**
Der Porphyritfelsen mit einer Gedenktafel erinnert an den Dichter und Wandersmann **August Trinius** (1851–1919). Die von ihm 17.–25. 7. 1889 durchgeführte Rennsteigwanderung war Anlaß zu seinem wenig später erschienenen Wanderbuch. Der darin erwähnte Felsen am Schwalbenhaupt erhielt 1892 von dem Rennsteigforscher Roßner den Namen von Trinius.
Bevor der Rennsteig die Straßenkreuzung Katzhütte–Gießübel und Masserberg–Neustadt am Schwalbenhaupt erreicht, blickt man nach links ins Rehbachtal, wo man besonders in den Monaten Mai und Juni auf den wie große Blumenbeete anmutenden Waldwiesen rechts und links des Rennsteiges viele für dieses Gebiet typische Pflanzen antrifft (Trollblume, Sumpfdotterblume, Storchschnabel, Feinblättrige Bärwurz, Kriechender Günsel, Hahnenfußgewächse u. a.). Vom Schwalbenhaupt führt der Rennsteig heute als Fahrstraße nach Neustadt. Kurz hinter der Straßenkreuzung kann man sie aber verlassen und auf den parallel verlaufenden Fußpfad ausweichen. Nach etwa 1 km findet man rechts im Fichtenwald versteckt und nur wenig von der Straße entfernt den Laßmannstein.
Die Volkssage erzählt, daß der kugelfeste Förster Laßmann von einem berittenen Zigeunerknaben durch einen Schuß mit einer Glaskugel, weil gegen Blei gefeit, ins rechte Auge getötet wurde. Im Gehrener Kirchenbuch ist überliefert, daß der fürstliche Förster Christoph Wilhelm Laßmann aus Gehren am 6.9.1764 bei der Verfolgung von Zigeunern von ihnen mit einem Schuß durch das rechte Auge getötet wurde.
Wenig später trifft man auf die an einem ehemaligen Kreuzweg stehende **Teufelsbuche** (der Altenfelder Steig überquert hier den Rennsteig nach Gießübel). Auch die Masserberger karrten, trugen oder fuhren in Heimarbeit hergestellte Waren an diesem Ort vorbei nach Neustadt und Großbreitenbach. Verschiedene Vorkommnisse gaben Anlaß zu Spukgeschichten, die der Buche zu ihrem Namen verhalfen. 1,5 km weiter erreicht man Kahlert, genießt aber, bevor der Rennsteig etwas abfallend den Ort erreicht, in nordwestlicher Richtung den schönen Ausblick auf Frauenwald, den Beerberg (982 m) und Schneekopf (978 m).
Kahlert, Ortsteil von Neustadt, lag einst an der alten Handelsstraße von Franken nach Thüringen und wurde gegen 1700 mit einer Gaststätte und Brauerei von einem aus Südthüringen stammenden Grundbesitzer namens Kahlert gegründet.
Von hier bietet sich eine erweiterte Wanderung über den Gebietswanderweg (von Kahlert bis Heubach roter Querstrich) zur

Schönbrunner Trinkwassertalsperre (5 km), nach Schönbrunn (8,5 km), zum Simmersberg und Schnett (14 km) über Heubach (17 km) zurück nach Masserberg (22,5 km) an. Von allen Orten aus besteht Busverbindung (Ringverkehr) nach Masserberg.
Nach weiteren 2 km gelangt man nach **Neustadt** und erreicht aus geologischer Sicht annähernd die Linie, wo das Thüringer Schiefergebirge in den Thüringer Wald übergeht. Neustadt (800 m, 1458 Einwohner) hat sich mit dem FDGB-Ferienheim „Am Kammweg" (Hauptgebäude 1984 erbaut) und den Urlauberwohnhäusern zu einem attraktiven Ferienort entwickelt. Die beiden Kirchen erinnern noch heute daran, daß der Rennsteig als Grenzweg, hier zwischen dem ehemaligen Herzogtum Sachsen-Meiningen und dem Fürstentum Schwarzburg-Sondershausen, mitten durch den Ort verlief und Neustadt bis 1920 in zwei politisch getrennte Gemeinden teilte. 1489 urkundlich erstmals erwähnt, war der Ort früher durch die Verarbeitung des Zunder- oder Feuerschwamms (Pilzgewächs) und bis 1964 durch die Zündholzproduktion bekannt.
Als Rückwanderung wird der gleiche Weg empfohlen. Es besteht keine Busverbindung zurück nach Masserberg.

Gaststätten: Schöne Aussicht, Rennsteigstr. 45; FDGB-Erholungsheim „Am Kammweg", Rennsteigstr.; Café Lusky, Rennsteigstr. 38; Waldbaude, Neue Str. 8; Waldhaus, Rennsteigstr. 6, Haus des Volkes, Kirchgasse 19.
Ausflugsgaststätten: Falkenbaude, OT Kahlert (2 km v. Neustadt); Dreiherrenstein (3 km v. Neustadt).

---

8. Zum Jagdhaus

Masserberg (803 m)–Massermühle (550 m)–Jagdhaus (680 m, 5 km)–Bärenfalle–Masserberg = 12 km; Markierung: grüner Querstrich; für Skiwanderungen wegen steiler Abfahrten und Anstiege nicht geeignet; Wanderung durch abwechslungsreichen Fichten- und Buchenwald.

Auf der Ernst-Thälmann-Straße gelangt man ins untere Dorf zur Badstraße und folgt ihr nach links zum Hochwald. Von hier nach rechts auf dem Fußpfad, der später in einen breiteren Weg einmündet, durch Fichtenhochwald, Jungwuchs und vorbei an Kahlschlägen erreicht man talwärts die **Massermühle.** Einst Geigenfabrik, Schneidemühle und Gaststätte ist sie jetzt Betriebsferienheim des Büromaschinenwerkes „VEB Robotron Sömmerda".
An der Massermühle geht man zunächst die Fahrstraße etwa 50 m talwärts in Richtung Katzhütte, verläßt sie dann nach links, auf dem Fußpfad (Jägersteig) leicht ansteigend, zuerst durch Fichten-, später durch Buchenwald. Nach etwa 1 km überquert man einen Holzabfuhrweg.
Steinseife, wie auch das rechts des Jägersteigs liegende Tal mit Gebirgsbach genannt wird, deutet auf die Goldwäscherei hin und deren ehemalige Goldgewinnungsstätten, die sog. Seifen. Etwa 300 m weiter wechselt man im Tal der Steinseife nach rechts auf die andere Seite und auf breitem Weg etwa 50 m bergauf (bequemer Weg nach Altenfeld). Dann biegt man scharf nach rechts in einen breiten Weg in Richtung Jagdhaus ein. Kurz danach gibt ein im Sommer mit Greiskraut und Rotem Fingerhut bewachsener Kahlschlag einen schönen Ausblick in das Massetal, auf das Wurzelbergmassiv und auf das südwestlich liegende Masserberg frei. Am Ende des Kahlschlages nach links, gleich darauf nach rechts, den Symbolen folgend, erreicht man das **Jagdhaus.**
Das neue Jagdhaus (das alte befand sich etwas oberhalb) wurde 1922 erbaut und diente hauptsächlich den Jägern als Unterkunft und gehört jetzt zum Staatlichen Forstwirtschaftsbetrieb Neuhaus.
Zurück wandert man zunächst den gleichen Weg etwa 300 m, biegt dann scharf rechts in einen breiten Weg ein, dem man 400 m folgt. Ihn dann talwärts nach links verlassend, trifft man wenig später auf einen befestigten Weg, auf ihm rechts ansteigend bis zur nächsten Wegegabelung.
Von hier geht man halblinks auf dem mittleren Weg weiter und gelangt nach etwa 1,5 km an der Wegegabelung nach links talwärts zur **Bärenfalle**, einem fast zugewachsenen Wiesental mit Bach, das an den Bärenfang in dieser Gegend erinnert. In Chroniken und alten Jagdbeschreibungen ist überliefert, daß Bären bis gegen 1700 in den Thüringer Wäldern heimisch waren. 1797 soll der letzte Bär im Rennsteiggebiet erlegt worden sein.

Talwärts stößt man nach etwa 1 km auf die Fahrstraße nach Katzhütte, der man 60 m bergan folgt. Nach links den Massebach überquerend, verläßt man die Fahrstraße und steigt geradeaus durch das Tränkental an. Auf der Anhöhe trifft man auf einen befestigten Waldweg, dem man nach links folgt. In gerader Richtung über die Fahrstraße oder auf der unterhalb des Schwimmbades nach rechts abzweigenden Badstraße erreicht man Masserberg.

9. Zur Werraquelle

Fehrenbach (600–670 m)–Meisenanger–Werraquelle (3 km)–Eselsberg (841 m) mit Rennsteigwarte und Turmbaude–Masserberg (803 m)–Bibergrund–Fehrenbach = 9 km; Busverbindung zwischen Masserberg und Fehrenbach; Wanderung für alle Jahreszeiten geeignet.

Oberhalb des FDGB-Erholungsheimes „Fritz Sattler", am Sportplatz (1984 eingeweiht) geht man in gerader Richtung, auf dem befestigten Weg ansteigend, in Richtung Werraquelle. Terrassenförmig angelegte Flächen an den Steilhängen erinnern daran, daß die Fehrenbacher noch bis gegen 1960 auf diesen Terrassenfeldern Landwirtschaft betrieben. Auf den unter schwierigsten Bedingungen angelegten und bewirtschafteten Feldern wurden hauptsächlich Kartoffeln, das einst wichtigste Nahrungsmittel der Thüringer, und später auch Getreide angebaut. Der Ausspruch: „Kartoffeln in der Früh, zu Mittag in der Brüh, des Abends samt dem Kleid, Kartoffeln in Ewigkeit" bestätigt das.
Nach wenigen Minuten bietet sich in westlicher Richtung ein Ausblick auf Schnett. Durch Fichtenwald allmählich ansteigend, vorbei an einer Waldwiese, erreicht man nach 1,5 km den Höhenweg und das Ende des Wiesentales, den sog. **Meisenanger.** Hier sollen während des Nordischen Krieges (1706) sächsische Soldaten, die auch Meißner genannt wurden, gelagert haben und den Anlaß zum heutigen Flurnamen Meisenanger gegeben haben.
Bevor man in gleicher Richtung auf dem Höhenweg weiterwandert, genießt man einen schönen Ausblick auf den unterhalb des Simmersberges (780 m) gelegenen Ferienort Schnett (W), auf das FDGB-Erholungsheim „Hermann Duncker" in Heubach (NW) und das im Bibertal versteckte Fehrenbach. Etwa 150 m weiter an der Wegegabelung geht man auf dem mittleren Weg (roter Querstrich) leicht ansteigend weiter und trifft wenig später auf einen breiten Weg, der nach rechts zur **Werraquelle** und **Werraquellenbaude** führt (vgl. 1. Wanderung).

Werraquellenbaude

Hinter der Werraquellenbaude wandert man auf dem Fußpfad etwa 500 m bergan bis zu einem breiten Weg, dem man nach rechts zum Rennsteig und dem Aussichtsturm mit Turmbaude folgt. Der Aussichtsturm auf dem Eselsberg (841 m) mit einer Höhe von 29 m bietet einen der schönsten Rundblicke in Thüringen.
Zunächst geradeaus auf dem Rennsteig 0,5 km den Eselsberg hinunter Richtung Masserberg (steile Fahrstraße) biegt man dann an der nächsten Wegegabelung (Wegweiser) kurz vor Masserberg nach links auf einen befestigten Weg in Richtung Werraquelle ein. 100 m danach zweigt rechts der Weg talwärts durch den Bibergrund nach Fehrenbach ab. Da der Weg steil und oft vereist ist, laufen Skiwanderer etwa 200 m weiter und gelangen auf dem nächsten rechts talwärts führenden Weg zum Ausgangspunkt zurück.

10. Nach Waffenrod-Hinterrod

Fehrenbach–Höhenweg–Waffenrod-Hinterrod (5 km)–Fehrenbach = 10 km;
Markierung: ab Höhenweg grüner Querstrich;
Busverbindung Waffenrod-Hinterrod–Fehrenbach;
Wanderung für alle Jahreszeiten, besonders für Skiwanderungen geeignet.

Vom Sportplatz geht man 0,5 km auf dem befestigten Weg in Richtung Werraquelle bis zur ersten Wegegabelung (Wegweiser). Geradeaus über eine Wiesenfläche stößt man wenig später auf den ständig auf der Höhe verlaufenden befestigten Weg, die **Eisfelder Straße**. Sie wurde von den Fehrenbachern und Masserbergern früher zum Einkauf bzw. zu den Ämtern in Eisfeld benutzt, deshalb wird er noch heute in Fehrenbach als Schdodewach (Stadtweg) bezeichnet. Dem Höhenweg nach rechts folgend, erreicht man nach 2,5 km die Fahrstraße nach Eisfeld und wenig später Waffenrod-Hinterrod (grüner Querstrich). Weiträumige Wiesenflächen in südwestlicher Richtung geben einen schönen Ausblick auf die markanten Gleichberge (642 m und 679 m) bei Römhild frei. Die Steinsburg auf dem Basaltkegel des kleinen Gleichberges ist das größte Bodendenkmal der DDR.
Ein kleiner Abstecher auf der Fahrstraße bis zur Anhöhe hinter dem Ort in Richtung Eisfeld wird mit einem schönen Ausblick belohnt (vgl. 20. Wanderung). Als Rückwanderung kann der gleiche Weg zurück bis zum Meisenanger und dann nach links nach Fehrenbach gewählt werden. Den Höhenweg schon nach 1,5 km talwärts verlassend (Wegweiser), bietet sich eine zweite Möglichkeit an, den Ausgangspunkt Fehrenbach zu erreichen.

11. Zur Hirschkanzel und zum Werrateich

Fehrenbach–Hirschkanzel (4,5 km)–Werrateich (640 m, 2 km)–Fehrenbach = 10 km;
Wanderung für alle Jahreszeiten geeignet.

Am Sportplatz wandert man in Richtung Werraquelle bis zum Höhenweg (1,5 km) und folgt ihm nach rechts in Richtung Waffenrod-Hinterrod (vgl. 10. Wanderung). Nach 0,5 km geht es in gerader Richtung durch Fichtenwald weiter (2,5 km). An der nächsten Wegegabelung 2 km danach behält man noch 100 m die gerade Richtung bei und biegt dann in den linken leicht talwärts führenden Weg zur Hirschkanzel (roter Querstrich) ein.
Die **Hirschkanzel** am Steilhang des Frohnberges ist der größte zusammenhängende Quarzfelsen in Thüringen. Über den Namen des Felsens, der auch Hirschsprung genannt wird, ist nichts Genaues überliefert.
Von der Hirschkanzel wählt man den gleichen Weg wieder 0,5 km zurück und wendet sich dann talwärts, so daß nach 1,5 km eine Wegegabelung und von hier nach rechts wenig später der Werrateich (roter Querstrich) erreicht wird.
Der **Werrateich** wurde für die Holzflößerei künstlich angelegt. Er diente auch zur Regulierung des Wasserstandes und damit zum Antrieb der Wasserräder der beiden Märbelmühlen in Sophienau, einem heutigen Ortsteil von Sachsenbrunn. Aus Muschelkalk geschlagene Würfel wurden in den Märbelmühlen zu Steinmurmeln, den sog. Märbeln, gerundet und später eingefärbt. Das beliebte Kinderspielzeug wurde bis zum Beginn des 20. Jh. in den Märbelmühlen um Eisfeld und Sonneberg gefertigt. Als eine der letzten Märbelmühlen in Südthüringen stellte die Vogelsmühle in Truckenthal bis 1954 Steinkugeln her. Im Eisfelder Heimatmuseum „Otto Ludwig" ist ein Mahlgang einer Märbelmühle aufgebaut und zu besichtigen. Die eigenartige Färbung des Werrateiches wird auf Kupfervitriolvorkommen in dieser Gegend zurückgeführt. Ein in der Nähe angebrachtes Schild mit der Aufschrift Goldwäsche und kleine bewachsene Sandhalden in Ufernähe weisen auch hier auf die ehemalige Goldwäscherei in der Werra und einiger Nebenbäche hin.
Der neben der Werra aufwärtsführende Weg war die **alte Poststraße**, die von Eisfeld über Sachsenbrunn vorbei am Werrateich zur Eisfelder Ausspanne und von dort weiter ins Schwarzatal führte (gelber Querstrich). Von Sachsenbrunn aus leisteten zusätzlich eingespannte Pferde dem Postwagen Vorspanndienste und zogen ihn den ständig ansteigenden Weg zum Rennsteigkamm hinauf. Vor der Abfahrt ins Schwarzatal wurden hier die Vorspannpferde ausgespannt und wieder talwärts gebracht.

Das Ausspannen der Pferde hat dieser Stelle den Namen **Eisfelder Ausspanne** gegeben. Daran erinnert ein alter Meilenblock, der ehemals die Entfernungen nach Rudolstadt (49 km), Eisfeld (12 km) und Katzhütte (11 km) angab. Von 1884 bis zur Jahrhundertwende brachte der Fehrenbacher Postbote die Post täglich zum Postwagen an den Werrateich und nahm die für Fehrenbach bestimmte Postsendung von hier wieder mit zurück in den Ort.
Am Werrateich bietet sich eine erweiterte Wanderung nach Friedrichshöhe (5,5 km) oder zur Eisfelder Ausspanne (752 m, 2,5 km) und von dort über die Werraquelle (2,5 km) zurück nach Fehrenbach an. Auf der gegenüberliegenden Seite des Werrateiches erreicht man auf dem ansteigenden Weg (roter Querstrich) nach 2 km wieder den Höhenweg, dem wir 150 m nach links folgen und dann talwärts Fehrenbach entgegenwandern.

12. In die Gießübler Schweiz und zum Langertfelsen

Fehrenbach–Heubach–Dachsbachkanzel–Schröderfelsen–Nadelöhr (4,5 km)–Langertfelsen–Fehrenbach = 9 km, über Masserberg = 11 km; für Skiwanderungen nicht geeignet; beschwerliche, aber sehr reizvolle Wanderung.

An der Glashütte biegt man in die Edmund-Heinz-Straße ein, folgt ihr bis zum Ende und wandert auf dem unmittelbar hinter dem Friedhof nach rechts steil ansteigenden Fußpfad nach Heubach (1,5 km, roter Querstrich). Auf den weiträumigen Wiesenflächen vor Heubach begrüßt uns im Frühjahr der jubilierende Gesang der Feldlerche (Alauda arvenisis) und begleitet uns ein Stück des Weges. Die Lerche überwintert vorwiegend in Südeuropa und ist einer der ersten zurückkehrenden Zugvögel, der je nach Höhenlage und Witterung bereits im Februar und März anzutreffen ist und sich bis zum Herbst in unseren Breiten aufhält. Charakteristisch ist ihr im steilen Aufstieg ohne Zwischenpausen vorgetragener mannigfaltiger Gesang. Oberhalb des FDGB-Erholungsheimes „Hermann Duncker" stößt man auf die Fahrstraße, der man geradeaus und wenig später nach links in Richtung Schnett 1 km folgt (roter Querstrich). An der nächsten Wegegabelung, der sog. Schlinge (Wegweiser), verläßt man die Fahrstraße und biegt nach rechts in einen Waldweg ein. Ein schmaler schöner Pfad führt am Steilhang des Dachsbachtales durch eine romantische Felsenlandschaft. Das Rauschen des Dachsbaches im eng eingeschnittenen Tal und vieler kleiner Nebenbäche, die sich durch felsigen Untergrund ihren Lauf suchen, begleitet uns durch einen abwechslungsreichen Buchen- und Fichtenwald. Nach etwa 1 km gelangt man zur **Dachsbachskanzel** und wenig später an eine lichte Stelle mit einem schönen Ausblick in das Wiesental des Dachsbaches und auf Gießübel. Kurz darauf beginnt der Naturlehrpfad (vgl. 17. Wanderung, grüner Schrägstrich), der bergan zum **Schröderfelsen** führt. Der Felsen wurde nach Georg Schröder, einem Oberförster aus Heubach, benannt, der sich um die Erforschung seiner näheren Heimat und des Rennsteiges verdient gemacht hat. Er ließ 1897 die Werraquelle bei Fehrenbach und Masserberg in Stein einfassen. Wenige Meter danach überquert der Naturlehrpfad einen breiten befestigten Waldweg (nach rechts verkürzter Rückweg über Heubach nach Fehrenbach), und schon ist das **Nadelöhr** in Sicht (vgl. 4. Wanderung). Auf dem Naturlehrpfad gelangt man nach weiteren 0,5 km auf die Fahrstraße nach Heubach, und sie überquerend, bergan wenig später zum **Langertfelsen** (vgl. 4 .Wanderung). Ab Langertfelsen geht es geradeaus weiter zum Rennsteig hinauf (0,5 km). Er ist mit blauem Andreaskreuz markiert. Nach etwa 0,5 km sieht man links einen der ältesten Rennsteigsteine, versehen mit der Jahreszahl 1528 (die eigentlich 1598 bedeutet) und den laufenden Nummern 176 und 172. Von hier bieten sich zwei Möglichkeiten zur Wanderung nach Fehrenbach an:
1. Auf dem Rennsteig weiter erreicht man nach 1,5 km Masserberg und dann durch den Bibergrund Fehrenbach (3 km, Busverbindung Masserberg–Fehrenbach);
2. Vor dem Grenzstein rechts ab überquert man nach etwa 100 m einen breiten Waldweg und geht dann leicht talwärts weiter. Nach einem weiteren Kilometer rechts ab gelangt man wenig später auf eine Wiesenfläche mit schönem Ausblick und in gerader Richtung weiter zum alten Sportplatz von Fehrenbach. Auf dem steil abfallenden Weg kommt man zum Ausgangspunkt, der Glashütte in Fehrenbach.

13. Zur Werraquelle

Heubach (FDGB-Erholungsheim „Hermann Duncker" 720 m)–Masserberg (803 m, 5 km)–Rennsteigwarte/Turmbaude (841 m)–Werraquelle (3 km)–Fehrenbach (600–670 m, 3 km)–Heubach = 13 km;
Busverbindung von Masserberg und Fehrenbach nach Heubach;
empfehlenswerte Skiwanderung mit geringen Höhenunterschieden Heubach–Masserberg (5 km)–Werraquelle–Rennsteigwarte–Masserberg–Heubach = 16 km.

Auf der Straße oberhalb des FDGB-Erholungsheimes „Hermann Duncker", wo der Ort seine höchste Stelle erreicht, geht man bis zum Beginn des Fichtenwaldes (Wegweiser) geradeaus in Richtung Masserberg und verläßt sie dann halbrechts. Es war eine alte Handelsstraße von Franken nach Thüringen über den Ersteberg nach Erfurt. Durch einen Hohlweg geht es leicht ansteigend dem Rennsteigkamm entgegen.
In halber Höhe, unmittelbar am Wegrand, lenkt ein mit Stangenholz umzäunter Ameisenhügel die Aufmerksamkeit auf sich. Rote Waldameisen (Formica rufa) haben aus Fichtennadeln, kleinen Rinden- und Holzresten ihr Nest angelegt. Durch das Vertilgen von Forstschädlingen, wie Gespinstblattwespe, Kiefernspanner, Nonne, Forleule u. a., sind sie für die Forstwirtschaft von großem Nutzen und daher streng geschützt. Eine Kolonie der Roten Waldameise kann jährlich etwa 7 Mill. Beutetiere vertilgen, davon mehr als 50% Forstschädlinge. Arbeiterinnen leben etwa 5 und Königinnen etwa 10 Jahre. Eine Ameisenkolonie ergänzt und erneuert sich ständig.
Von der Anhöhe des Fehrenberges, wo auf einer Waldwiese die Bühringshütte und die Bergstation des Masserberger Skiliftes stehen, bietet sich ein schöner Ausblick in das Schwarzatal, auf Meuselbach, die Meuselbacher Kuppe und Kirchberg mit Fröbelturm. Hier mündet der Rennsteig in unseren Waldweg ein. Auf ihm erreicht man nach etwa 1 km Masserberg. Entsprechend der 1. Wanderung kommt man zur **Werraquelle**.
Freiflächen, wie hier um Masserberg, waren einst das Betätigungsfeld der Vogelsteller. Ein Stellbusch mit Leimruten oder Schlingen bestückt, darunter ein Käfig mit einem Lockvogel, waren die wichtigsten Utensilien der Vogelsteller. Die Armut trieb die Wäldler dazu, verschiedene Vögel nicht nur wegen ihres Gesanges zu fangen, sondern sie als willkommene Abwechslung ihres kargen Speiseplanes zu betrachten. Der Fichtenkreuzschnabel, im Volksmund auch „Grienitz" genannt, Finken, Seidenschwanz und der Krammetsvogel (Wacholderdrossel) waren hierzu bevorzugte Arten.
Rückwanderung von der Werraquelle nach Fehrenbach vgl. 9. Wanderung und entsprechend der 12. Wanderung weiter nach Heubach.

14. Nach Schnett

Heubach–Hohe Straße–Schnett (4 km)–Schwimmbad und Schnetter Waldschenke–Heubach = 6 km;
für Skiwanderer Rückwanderung bis zur Schnetter Waldschenke, dann oberhalb durch Hochwald und auf der Wiesenfläche zurück nach Heubach.

Die Wanderung in Richtung Schnett (roter Querstrich) beginnt am FDGB-Erholungsheim „Hermann Duncker". Nach 1,5 km verläßt man die Straße, um nach rechts in die Hohe Straße einzubiegen (roter und grüner Querstrich). Die Wiesenflächen geben von hier einen schönen Ausblick auf das FDGB-Erholungsheim „Hermann Duncker" zurück auf das in der Talkerbe verschwindende Heubach, auf den Aussichtsturm von Masserberg (NO), den Bleßberg mit seinem Sendeturm und die Ortschaft Hinterrod (S). Am Waldrand befindet sich die Bergstation des Heubacher Skiliftes.
Durch abwechslungsreichen Fichtenwald, hauptsächlich Jungwuchs, vereinzelt mit Ebereschen, Birken und Buchen vermischt und der Heidelbeere als Unterwuchs, gelangt man geradeaus nach 2 km zum Schnetter Sportplatz. Auf halber Strecke erblickt man auf diesem Abschnitt an einem Kahlschlag die Ferienorte Frauenwald und Neustadt a/R. (N). Vom Sportplatz lohnt ein Abstecher zu dem vor uns liegenden 780 m hohen **Simmersberg** mit einem herrlichen Rundblick (vgl. 15. Wanderung). Auf der breiten Straße gelangt man wenig später nach **Schnett** und zum FDGB-Erholungsheim „Kaluga" mit guten Rastmöglichkeiten. Die Hauptstraße über-

querend, durch die Bungalowsiedlung erreicht man nach 0,5 km das Schwimmbad und die behagliche, rustikal im heimatlichen Stil gestaltete **Schnetter Waldschenke**. Auf der blumenreichen Waldwiese, die sich in das Tal hinunterzieht, wachsen u. a. die Sumpfdotterblume, der Waldstorchschnabel und die Wiesenprimel (geschützt).

In gerader Richtung, hinter einer Wegekreuzung steil abfallend, öffnet sich der **Schafgrund**, ein schönes mit Buchen und Fichten umsäumtes Wiesental, das im Frühjahr im kräftigen Gelb der Troll- und Sumpfdotterblume prangt. Die Trollblume, zur Gattung der Hahnenfußgewächse gehörend, ist charakteristisch für die Thüringer Bergwiesen. Ihr Name stammt vom Althochdeutschen „trol" und bedeutet kugelförmig. Wegen ihres Anemonolgehaltes ist sie giftig und wird deshalb vom Weidevieh gemieden. Da sie zu den geschützten Pflanzen zählt, sollten wir uns nur an ihrem natürlichen Standort erfreuen. Der gelbe Farbstoff der Sumpfdotterblume, die ihren Namen von den dottergelben Blüten und ihren sumpfigen Standorten erhielt (lateinisch palustris = im Sumpfe lebend), wurde früher zur Gelbfärbung der Butter verwendet.

Der rechts talwärts verlaufende breite Weg führt nach etwa 1 km in den unteren Ortsteil von Heubach und nach Einsiedel. Das Tal auf einem schmalen Fußpfad überquerend, gelangt man auf die große Wiesenfläche, die Heubach umgibt. Nach rechts erreicht man über einen Rasenweg die Ortsmitte von Heubach (Gst Erholung).

15. Zur Hohen Warth

Schnett (700–720 m)–Simmersberg (780 m, 1 km)–Hohe Warth (719 m, 3,5 km)–Schnett = 7 km; Wanderung für alle Jahreszeiten; schöne Fernblicke.

Am FDGB-Erholungsheim „Kaluga", der höchsten Stelle des Ortes, geht man auf einem befestigten Weg nördlich in Richtung Sportplatz. Etwa 200 m weiter kann man zwei kurz hintereinander nach links abzweigende Wege, die sich wenig später wieder vereinen, zur Fortsetzung der Wanderung wählen. Der erste umgeht die Steigung zum Simmersberg und ist für Skiwanderungen der einfachere Weg mit guter Fernsicht. Wir entscheiden uns für den zweiten Weg, der über den frei liegenden Simmersberg führt, und können von dort die herrliche Fernsicht genießen und uns auch an vereinzelt auftretenden Arnikablüten erfreuen.

Simmersberg

Der **Simmersberg** (780 m) bietet einen umfassenden Rundblick, obwohl der heranwachsende Wald die Sicht schon etwas eingeschränkt hat: Im SO schaut man ins Werratal, zum Bleßberg mit seinem Sendeturm und auf Waffenrod-Hinterrod, im W ragen die markanten Basaltkegel der Gleichberge aus der Ebene; im N bildet das Zentralmassiv des Thüringer Waldes den Horizont mit dem beturmten Adlersberg (850 m), dem Beerberg (982 m) und Schneekopf (978 m), der Schmücke (916 m), dem Finsterberg (944 m) sowie den Orten Frauenwald und Neustadt am Rennsteig; im O schließt der Rundblick auf den Eselsberg (841 m) mit dem Aussichtsturm bei Masserberg. Bis 1929 befand sich auf dem Simmersberg eine Schutzhütte. Im gleichen Jahr wurde an deren Stelle eine Berggaststätte mit Segelflugbetrieb gebaut, wodurch der Berg mit dem Dolmar bei Meiningen und der Wasserkuppe in der Rhön verbunden war. Nach 1945 richtete man im Höhenhaus eine Jugendherberge mit 65 Betten ein, die dem Jugendtourist (Reisebüro) der DDR angeschlossen ist und den Namen des 1942 im KZ Buchen-

wald ermordeten antifaschistischen Widerstandskämpfers Ernst Heilmann trägt. Eine Gedenktafel erinnert daran, daß hier am 6. 7. 1924 die erste Ortsgruppe des Rotfrontkämpferbundes der deutschen Arbeiterklasse gegründet wurde.
Vom Simmersberg folgt man den Symbolen des Gebietswanderweges (roter Querstrich) zur Hohen Warth (2,5 km). Zunächst durch Fichtenjungwuchs hinunter gelangt man auf eine Waldwiese mit wiederum schönem Ausblick. Wenige Minuten weiter kommt man zur nächsten Wegekreuzung, und es schimmern im Sommer hin und wieder die weißen Blüten des Europäischen Siebensterns aus dem typischen Gras unserer Fichtenwälder, der Drahtschmiele, hervor. Eine Köhlerhütte mit Sitzgruppe lädt hier zur Rast ein. In gleicher Richtung die Kreuzung überquerend, bietet sich wenige Meter weiter ein schöner Ausblick auf Schönbrunn und den Staudamm der Trinkwassertalsperre mit dem 75 m hohen Trinkwasserentnahmeturm. Kurz danach bergab (ungeübte Skiwanderer sollten hier wenige Meter die Skier tragen) erreicht unser Weg am Auslauf des Berges eine kleine Waldwiese, an derem Ende wir dem rechten Waldweg folgen und etwa 300 m weiter links abbiegend zur **Hohen Warth** (719 m) gelangen. Der Traubenholunder mit seinen leuchtend roten Beeren und die Eberesche bringen hier am Wegrand im Spätsommer Farbe in den Wald.
Von der Hohen Warth führt der Wanderweg weiter, am Rand mit dem Roten Fingerhut, der Wolfsmilch und dem Greiskraut geschmückt und schöne Ausblicke auf Waldau und Schleusingen und später auf die Gleichberge bietend. An der nächsten Abzweigung wählt man den oberen Weg, der durch Buchen- und Fichtenwald verläuft, und den Rundweg um die Hohe Warth an der Wegegabelung schließt. Hier wandert man wieder etwa 0,5 km auf dem uns bekannten Weg bis zur Wegekreuzung weiter und biegt dann rechts in einen Wanderweg ein. Anschließend geradeaus mit schönen Ausblicken an den Bergwiesen erreicht man **Schnett**.

16. Nach Schönbrunn

Schnett–Schnetter Berg–Schönbrunn (Ortsteil Oberneubrunn 500 m, 6 km)–Köpfchen (612 m, 1,5 km)–Trinkwassertalsperre/Staudamm (1,5 km)–Schönbrunn (Ortsteil Unterneubrunn 450 m)–Herrenberg (607 m)–Hohe Warth (719 m)–Simmersberg–Schnett = 18 km; anstrengende Fußwanderung wegen großer Höhenunterschiede; als Skiwanderung nur von Schnett über Schnetter Berg nach Schönbrunn möglich; Busverbindung Schönbrunn–Schnett.

Vom FDGB-Erholungsheim „Kaluga" wandert man leicht ansteigend zum Sportplatz und von dort geradeaus zum Schnetter Berg. Bis Schönbrunn führt der Wanderweg vorwiegend durch Fichtenbestände, die von der Schneebruchkatastrophe 1981/82 sowie den Sturmschäden vom November 1984 gekennzeichnet sind. In den gelichteten Wäldern und auf Kahlschlägen haben sich die Drahtschmiele, das gelb leuchtende Greiskraut und der Rote Fingerhut stark vermehrt und geben der Landschaft ein freundliches Aussehen. 2 km hinter dem Sportplatz erreicht man eine Wegegabelung und geht hier geradeaus bergab in Richtung Schönbrunn. Etwa 1,5 km weiter gelangt man an die Schönbrunn umgebenden Bergwiesen und biegt scharf nach rechts auf den Weg zum Ortsteil **Oberneubrunn** ein. Von hier bietet sich ein schöner Ausblick auf Schönbrunn und die den Ort umgebenden Berge. Nach 1,8 km erreicht man die **Gaststätte „Wilder Mann"**. Nun folgt man der Hauptstraße 250 m in Richtung Gießübel, verläßt sie dann nach links und steigt auf serpentinenartigem Weg bis zur Anhöhe des **Köpfchens** hinauf. Am Wegweiser lohnt ein Abstecher zur **Gaststätte „Berghütte"** (300 m) mit guten Rastmöglichkeiten und Ausblick auf Gießübel und Schönbrunn.
Nach rechts orientierend, kommt man talwärts durch Buchen- und Fichtenwald zur Asphaltstraße, die bergwärts zum Staudamm der **Trinkwassertalsperre** Schönbrunn führt. Damit ist die seenarme Gegend des oberen Waldgebietes um ein attraktives Ausflugsziel bereichert worden.
Zwei schöne Wanderwege (roter Querstrich) verlaufen zu beiden Seiten der Talsperre, der eine durch den Schleusegrund nach Frauenwald und der andere durch den schönen Tannengrund in Richtung Kahlert–Neustadt und zum Rennsteig.
Vom Staudamm wandert man wieder talwärts bis zur Fahrstraße (1,3 km) in den Ortsteil **Unterneubrunn** und hat hier in der

Gaststätte „Talsperre" eine weitere Möglichkeit zur Rast. Weiter geht es auf dem Gebietswanderweg (roter Querstrich) in den Ortsteil Unterneubrunn bis zur Brücke (Wegweiser). Hier links abbiegend, gelangt man auf dem Gebietswanderweg (roter Querstrich) mit teilweise steilen Anstiegen über den Herrenberg, die Hohe Warth und den Simmersberg zum Ausgangspunkt am FDGB-Erholungsheim „Kaluga" zurück. Am nächsten Wegweiser, nach links in Richtung Schwimmbad, erreicht man Schnett auf einem bequemeren Weg.

17. Naturlehrpfad zur Gießübler Schweiz und zum Neuntal

Gießübel (500–565 m)–Wolfsloch (725 m)–Langertfelsen (805 m)–Neuntal–Steinwand–Gießübel = 5,5 km; Markierung: grüner Schrägstrich; bes. schöne Fußwanderung, für Skiwanderer nicht geeignet.

Der Naturlehrpfad wurde von Mitgliedern des Kulturbundes angelegt und führt durch eine botanisch und geologisch interessante Landschaft (Übergang vom Thüringer Wald ins Thüringer Schiefergebirge).

Gegenüber vom FDGB-Erholungsheim (Wegweiser) verläuft der Naturlehrpfad steil ansteigend auf dem Einweg zur Bungalowsiedlung. Am nahen Fichtenhochwald, einen befestigten Weg überquerend, steigt man weiter ostwärts. Am Waldaufbau des den Naturlehrpfad durchziehenden Gebietes ist neben der Fichte mit 94% die Buche mit etwa 6% beteiligt. Verschiedene Sträucher, Gräser und Moose und geschützte Pflanzen bestimmen die Strauch- und Bodenvegetation. Zu ihnen zählen u. a. Traubenholunder, Himbeere, Brombeere und Heidelbeere. Der gemeine Wurmfarn, Waldfrauenfarn, Buchenfarn, Eichenfarn, Keulenbärlapp (unter Naturschutz) und der Europäische Siebenstern haben sich dem Fichtenwald angepaßt. Eine gekennzeichnete Stelle macht wenig später mit zwei Grasarten, der Drahtschmiele und dem Waldreitgras, bekannt. Wie ein grüner Teppich bedeckt die Drahtschmiele den durchlichteten Fichtenwald.

Am Forstort **Wolfsloch** – hier soll 1645 der letzte Wolf erlegt worden sein – kommen auf engstem Raum Eberesche, Esche, Lärche, Bergahorn, Blutbuche und Birke vor.

Nach etwa 300 m verläßt der Naturlehrpfad auf dem rechts abzweigenden Pfad den Forstweg zur Heubacher Straße. Ihr folgt man 150 m nach rechts und biegt steil bergan zum **Langertfelsen** (vgl. 4. Wanderung) ab, der höchsten Stelle des Naturlehrpfades (805 m).

Die Heubacher Straße überquerend, gelangt man nach knapp 1 km talwärts zum Nadelöhr und kurz darauf zum **Schröderfelsen** (vgl. 12. Wanderung), beide zur **Gießübler Schweiz** gehörend. Der Naturlehrpfad führt von hier als schmaler Pfad durch eine romantische Felslandschaft, die vor allem von Konglomeraten der Goldlauterer Schichten aufgebaut ist. Die Felsen bestehen aus Geröllen und Gesteinstrümmern des Rotliegenden. Unterschiedlich große Bruchstücke von Tonschiefer, Quarz, Quarzit, Porphyr, Porphyrit usw. wurden durch Bindemittel (Ton, Eisenhydroxide usw.) verkittet und durch hohe Druckeinwirkung verfestigt. Verwitterungen und Abtragungen formten bizarre, wie von Bildhauern gestaltete Felsgebilde. Über den **Köhlersberg** folgt man dem Pfad weiter nach rechts abzweigend durch das Neuntal. (Am Köhlersberg verläuft der Hangweg über die Dachsbachkanzel nach Heubach und Schnett.)

Der Wildbach des **Neuntales** hat durch seine fließende und erodierende Tätigkeit ein wildromantisches Tal geschaffen, das mit Fichten und Rotbuchen bewachsen ist. Durch das Umleiten des Baches über einen Felsvorsprung entstand ein kleiner Wasserfall. Wo sich das Neuntal und das Dachsbachtal verbinden (hier Frauenfarn, Brombeere und Fuchskreuzkraut), verläuft der Naturlehrpfad am Osthang des Dachsbachtales auf einem Forstweg weiter. Am Wegrand wachsen Heidelbeere, Hagebutte, Haselnuß und die Feinblättrige Bärwurz, deren weiße Dolden zusammen mit den vielen Hahnenfußgewächsen und dem Waldstorchschnabel den schönen Bergwiesen ihre Grundfarbtöne geben. An einem künstlich angelegten Hangeinschnitt wird rotbrauner Quarzporphyr, ein vulkanisches Gestein der Gehrener Schichten, sichtbar. Von der freistehenden Schutzhütte am **Löffelberg** ergibt sich ein schöner Ausblick auf Gießübel, das Dachsbachtal und den Sommerberg (756 m). Auf dem steil abwärts führenden Fußpfad gelangt man zum Ausgangspunkt des Naturlehrpfades (Kulturhaus) zurück.

18. Zur Kleinen Neubrunnquelle

*Gießübel (550–665 m)–Mahnmal–
Kleine Neubrunnquelle (2 km)–Rennsteig–
Laßmannstein (762 m, 2 km)–
Schwalbenhaupt–Rehbachtal–Gießübel
= 7 km;
Wanderung für alle Jahreszeiten geeignet,
für Skiwanderer zu empfehlen.*

Vom FDGB-Erholungsheim geht man auf der Hauptstraße 300 m in Richtung Masserberg und biegt dann links auf einen befestigten Weg in Richtung Kleine Neubrunnquelle ein (ab hier Skiwanderung möglich). Durch Fichten- und Buchenforst erreicht man wenig später das Mahnmal. Das einstige Kriegerdenkmal ehrt die im ersten Weltkrieg gefallenen Gießübler Einwohner, deren Namen auf beiden Seiten des Steines verewigt sind. Heute Mahnmal soll es an die Opfer der beiden Weltkriege erinnern und die Menschen zum Friedenskampf aufrufen. Sitzgruppen laden zur Rast mit schönem Ausblick auf Gießübel, das gegenüberliegende Köpfchen mit Bungalowsiedlung und die den Ort umgrenzenden Sommer- und Holzberg ein. Durch schönen Buchenwald mit Frauen- und Wurmfarn, Waldmeister und dem Traubenholunder geht es weiter zur Stutzerhütte, einer ehemaligen kleinen Waldgaststätte. Vorher gestattet das Neubrunntal südwestlich einen Blick auf die Gleichberge bei Römhild. Wenige Meter nach der Stutzerhütte kommt man zur ummauerten **Kleinen Neubrunnquelle.**
Auf seinen Wanderungen durchstreifte einst auch **Joseph von Eichendorff** Gießübel und seine herrlichen Wiesentäler. Es soll hier 1788 durch die Liebe zu einer Gießübler Müllerstochter das Lied „In einem kühlen Grunde" entstanden sein. An der Wegegabelung hinter der Quelle (hier links ab verkürzter Weg nach dem 2 km entfernten Gießübel) geht es bergwärts auf bequemem Weg zum Rennsteig. Dem **Rennsteig** (hier als Hauptstraße mit einem Fußpfad links parallel zur Straße) folgt man südwärts in Richtung Masserberg. Auf der Anhöhe (0,5 km), steht nur wenige Meter von der Straße entfernt und im Fichtenwald versteckt der **Laßmannstein** (vgl. 7. Wanderung). Bergab trifft man nach 1 km auf die Kreuzung **Schwalbenhaupt**, einem großen Wiesengelände mit Rast- und Parkplatz. Ein gewaltiger verknorpelter Wegweiser aus dem Wipfel einer 126jährigen Fichte von der Rennsteighöhe bei Masserberg gibt Auskunft über Wanderziele bis nach Oberhof und Eisenach. Viele dieser ehemaligen zerzausten Wetterfichten stehen als attraktiv gestaltete Wegweiser mit grünen Hinweisschildern an Wegegabelungen.
Wo sich Rennsteig und Hauptstraße wieder trennen (Wegweiser), führt westwärts des Rennsteigs ein schmaler Fußpfad durch das **Rehbachtal**, eines der blumenreichsten und schönsten Wiesentäler der Rennsteiglandschaft, nach Gießübel. Etwa nach 2 km erreicht man wieder die Hauptstraße (Skiwanderer sollten die Skier von hier tragen) und auf ihr wenig später Gießübel.

19. Über den Zillerstein zur Tannenleite

*Gießübel–Flößteich–Zillerstein–
Tannenleite–Gießübel (7 km) oder
Tannengrund–Talsperre (Staudamm
8 km)–Schönbrunn (insgesamt 10 km);
Busverbindung zwischen Schönbrunn und
Gießübel;
für Skiwanderung nicht geeignet;
der Tannengrund ist landschaftlich
besonders reizvoll.*

Am Ortsausgang folgt man zunächst der Hauptstraße 0,8 km bergan in Richtung Neustadt vorbei am **Flößteich.** Seine Schleuse wurde früher dann geöffnet, wenn der Wasserstand der Neubrunn nach der Schneeschmelze für das Flößen des im Winter geschlagenen Holzes zu gering war. Nach dem Bau der Eisenbahn zwischen Unterneubrunn (jetzt Schönbrunn) und Eisfeld (1890–1973 in Betrieb) wurde das Flößen eingestellt.
Von der Hauptstraße biegt man links in einen befestigten Weg ein. An dessen erstem Abzweig geht man zunächst geradeaus weiter ansteigend. Ein Wegweiser macht dann auf eine Abzweigung nach rechts talwärts in den Tannengrund zur Trinkwassertalsperre Schönbrunn aufmerksam.
Nun folgt man dem linken steil ansteigenden Weg in Richtung Zillerstein und biegt nach 0,6 km rechts in einen Holzabfuhrweg, der talwärts führt. Ein Gedenkstein am Weg erinnert an den am 8. 12. 1953 nach einem tragischen Jagdunfall ums Le-

Rote Mühle

ben gekommenen Revierleiter Berthold Hennecke.
Der **Zillerstein**, ein Felsgebilde, ist nach Rudolf von Ziller genannt. Er war Berater des Herzogs Georg II. (1826–1914) und Finanzminister des Herzogtums Sachsen-Meiningen-Hildburghausen und hatte wesentlichen Anteil an der Gestaltung des Finanzwesens und verschiedener Gesetze, die zur wirtschaftlichen Stärkung des Herzogtums beitrugen. Der Felsen bietet einen Ausblick auf die Trinkwassertalsperre Schönbrunn mit dem Entnahmeturm im vorderen Teil. Auf dem am Steilhang des Tannengrundes mit Buchen und auf der Bergseite von Fichten umrahmten Weg erreicht man nach 0,5 km die **Tannenleite** (Schutzhütte, Wegekreuzung).
Direkt an einem kleinen Stein (mit eingemeißeltem Namen Tannenleite) führt ein schmaler Pfad nach rechts steil abfallend zur Talsperre Schönbrunn (1 km).
Von der Tannenleite, einen breiten Weg überquerend, geht es auf teilweise steilen Wegen bzw. Pfaden zurück nach Gießübel. Die wechselnde Waldlandschaft gestattet einen schönen Ausblick auf Gießübel, den Löffel- und Ersteberg. Etwa 1,5 km nach der Tannenleite biegt man links ab, trifft kurz danach auf einen breiten Weg, dem man nach rechts bis zum Wiesengelände folgt. Zunächst links haltend, gelangt man auf einem serpentinenartigen über die Wiese führenden Weg hinunter zur Hauptstraße und auf ihr nach 0,5 km zurück nach Gießübel.

20. Zur Roten Mühle und nach Crock

Hinterrod (etwa 700 m)–Waffenrod–Rote Mühle (450 m, 4,5 km)–Oberwind (1,5 km)–Crock (2,5 km)–Waffenrod-Hinterrod = 13 km;
Markierung: gelber Querstrich von Waffenrod-Hinterrod bis Rote Mühle, grüner Querstrich von Crock nach Waffenrod-Hinterrod;
als Skiwanderung bis Oberwind und zurück.

Von der Bushaltestelle Hinterrod an der Straße Eisfeld–Masserberg, aber noch ausgeprägter von der Straße auf der Anhöhe hinter dem Ort oder dem nahen Eckartsberg, bietet sich ein schöner Ausblick, im N erkennt man den Simmersberg mit Jugendherberge bei Schnett (bei guter Sicht den Adlersberg), weiter rechts den oberen Ortsteil von Heubach, NO die Rennsteigwarte bei Masserberg, im W die Gleichberge (679 u. 642 m), im S Eisfeld und im Hintergrund die Höhen des fränkischen Berglandes.
In den Ortsteil Waffenrod gelangt man von der Bushaltestelle talwärts. An der Straßenkreuzung wandert man geradeaus ansteigend etwa 60 m weiter und biegt am nächsten Abzweig (Wegweiser) links ab in Richtung Oberwind und zur Roten Mühle. Auf einem breiten Feldweg, am Hang eines Wiesengeländes, das zur Weidewirtschaft genutzt wird, erreicht man nach etwa 1 km den Wald. Kurz vorher bietet sich links ein Ausblick auf den Irmelsberg mit der Crokker Bergkirche. Durch wechselnde Fichtenbestände gelangt man auf eine Anhöhe vor Oberwind, wo die Freifläche einen Blick auf das Dörfchen Oberwind und den dahinterliegenden Irmelsberg (525 m) gestattet. Auf abfallendem Weg (Skiläufer Achtung) erreicht man kurz danach eine Wegekreuzung, von der sich nach links ein verkürzter Weg über Oberwind oder Crock zurück nach Waffenrod-Hinterrod anbietet, den

Skiwanderer benutzen sollten. Wir folgen dem rechten talwärts führenden befestigten Weg zur etwa 1 km entfernten Roten Mühle – an der Straße Biberau–Fehrenbach. Die **Rote Mühle** im schönen Bibertal ist eine der wenigen noch erhaltenen Mahlmühlen des Schleusegebietes. 1595 gegründet, war sie damals die zuständige Getreidemühle für das Dorf Oberwind. Seit 1953 steht das Wasserrad dieser schönen Mühle still.
Aus dem Bibertal geht man den gleichen Weg zurück nach **Oberwind** (Rastmöglichkeiten), folgt der Hauptstraße etwa 1 km in Richtung Crock, zweigt dann halblinks über den **Irmelsberg** ab. Bewachsene Halden weisen darauf hin, daß hier nach dem zweiten Weltkrieg Steinkohle zur Versorgung der umliegenden Orte gewonnen wurde. Weithin sichtbar grüßt der buchenwaldbestandene Irmelsberg. In vorgermanischer Zeit soll auf dem Berg (Fels, keltisch = crug) eine befestigte Wohnsiedlung gestanden haben. Die spätgotische **Bergkirche** (1489) ist eine ehemalige Wallfahrtskirche, in unmittelbarer Nähe der Handelsstraße Nürnberg–Erfurt gelegen.
Das freundliche Urlauberdorf **Crock** liegt im Tal der Weißa und ist von landwirtschaftlichen Nutzflächen umgeben. Früher war hier die Holzschnitzerei bodenständig, z. B. wurden die beliebten Köpfe für Kasperlefiguren hergestellt. Mehrere Gaststätten im Ort bieten gute Rastmöglichkeiten.
In nördlicher Richtung verlassen wir Crock auf dem mit grünem Querstrich markierten Weg und erreichen durch Mischwald leicht ansteigend nach etwa 4,5 km Waffenrod-Hinterrod. Südlich des Ortes führt der Weg über den Crocker Berg nach Eisfeld (6 km), von dort ist Rückfahrt mit dem Bus möglich.

21. Nach Sachsenbrunn

Waffenrod-Hinterrod–Burgberg (715 m)–Sachsenbrunn (490 m, 4,5 km)–Hirschendorf–Hirschgrund–Waffenrod-Hinterrod = 9 km;
für Skiwanderungen nicht geeignet.

Die Wanderung beginnt 50 m oberhalb des Parkcafés in Hinterrod, und man folgt dem rechts abzweigenden Weg (Wegweiser) zunächst über eine Wiesenfläche und den

Sachsenbrunn, Tanzlinde

Burgberg nach Sachsenbrunn. Reste von Burgwällen auf dem Burgberg weisen auf Burgbefestigungsanlagen hin.
Sachsenbrunn (2130 Einwohner) liegt langgestreckt in der oberen Talaue der Werra und ist von einer bewaldeten Bergkette umgeben (Burgberg im W, 715 m, Bleß 865 m im O mit dem weithin sichtbaren Sendeturm). Bekannt ist die **Tanzlinde**, das alte Wahrzeichen von Sachsenbrunn, das einen Besuch des Ortes lohnt. Sie ist eine der wenigen erhaltenen Linden, auf der einst die Kirmestänze stattfanden. Urkundlich traten die Orte Sachsendorf und Schwarzenbrunn, später zu Sachsenbrunn vereinigt, 1317 erstmals in Erscheinung.
Von Sachsenbrunn wandert man auf der F 281, die Eisfeld und Saalfeld verbindet, bis Hirschendorf (2,5 km). Nach etwa 0,3 km auf der F 281 gelangt man zu einer Straßenkreuzung, dem sog. Hirschendorfer Kreuz, und hat von hier die Möglichkeit, mit dem Bus zurück nach Waffenrod-Hinterrod zu fahren. Man kann auch den kleinen Ort Hirschendorf durchwandernd, vorbei an den Fischteichen, durch den Hirschgrund ansteigend, nach Waffenrod-Hinterrod zurückkehren.

Hinweise für Wintersportler

– Bitte beachten Sie die Skihang- und Pistenordnung des Bezirkes Suhl (öffentliche Aushänge).

– Ausgewiesene und gespurte Skiwanderwege und Wettkampfstrecken dürfen von Fußgängern nicht betreten werden: Sie gefährden ihre eigene Sicherheit und die der Skiläufer. Fußgänger benutzen die für sie markierten Fußwanderwege.

Verhaltensweisen bei Skiwanderungen

1. Sind Doppel-Skispuren vorhanden, wird jeweils die rechte gewählt.
2. Abfahrende Skiwanderer haben gegenüber Aufsteigenden die Vorfahrt.
3. Skiwandergruppen haben gegenüber einzelnen in der Skispur die Vorfahrt.
4. Skiwandergruppen wandern hintereinander in einer Spur.
5. Geübte Skiläufer geben dem entgegenkommenden Ungeübten die Spur frei.
6. Der in der Spur Bleibende bedankt sich für die Freigabe der Spur.
7. Der Überholende tritt, der Wegebreite entsprechend, nach links oder rechts zum Überholen aus der Spur.
8. Skiwanderer, die sich ausruhen oder eine Panne haben, treten aus der Spur.

Gespurte Skiwanderwege

1. Neustadt–Masserberg–Augenheilstätte–Todtenkopf–Eisfelder Ausspanne–Friedrichshöhe–Limbach–Neuhaus (Bernhardsthal). Von Friedrichshöhe bis Neuhaus auf dem Rennsteig (blaues Kreuz).
2. Masserberg–Werraquelle–Heidehütte–Sportplatz–Masserberg
3. Masserberg–Waffenrod-Hinterrod (grüner Querstrich)
4. Masserberg–Heubach–Schnett

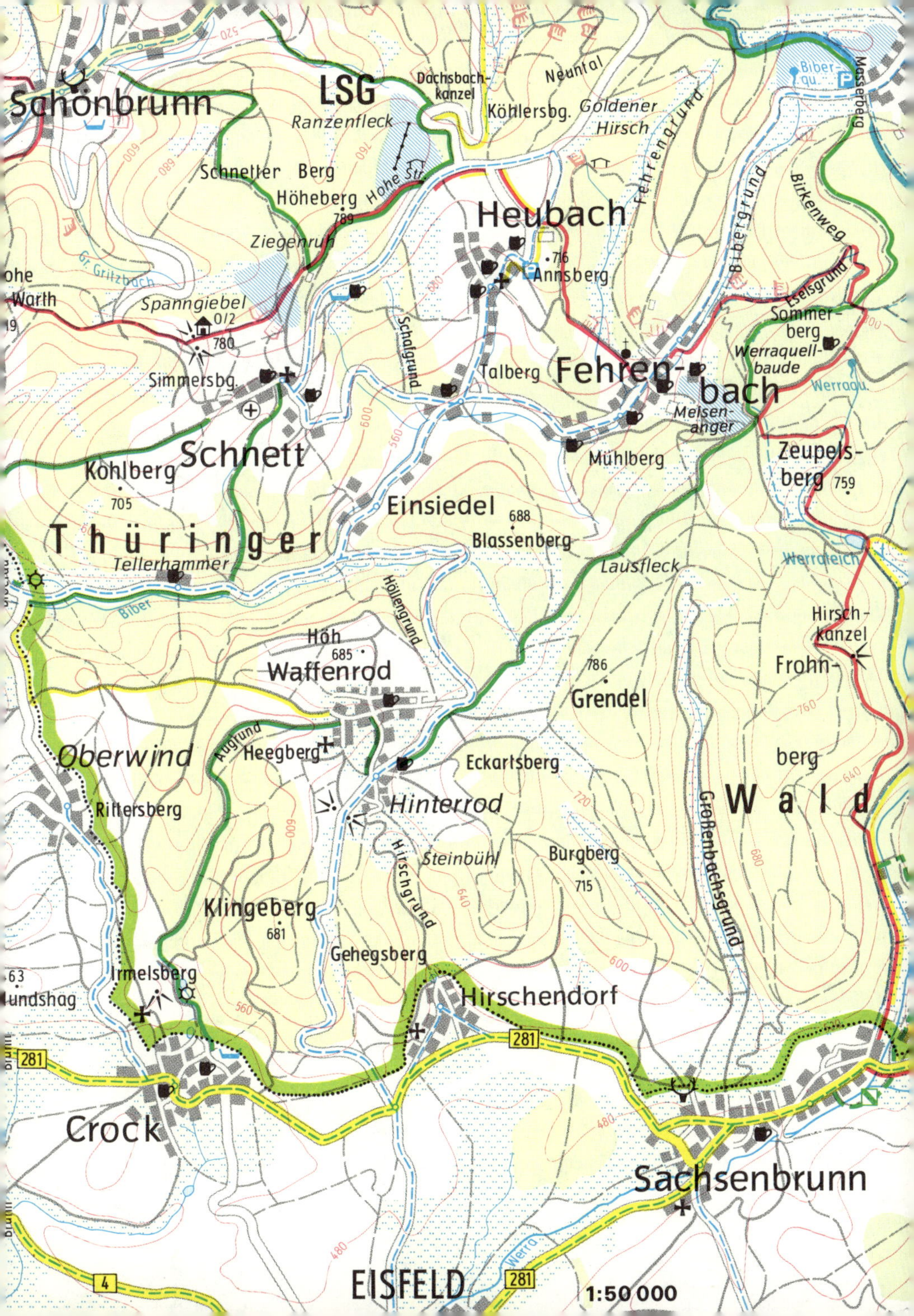
Schönbrunn
LSG
Ranzenfleck
Dachsbach-
kanzel
Neuntal
Köhlersbg.
Goldener
Hirsch
Fehrengrund
Biber-
qu.
Masserberg
Schnetter Berg
Höheberg
789
Hohe Str.
Heubach
716
Annsberg
Ziegenruh
Gr. Gritzbach
ohe
Warth
Spanngiebel
0/2
780
Schafgrund
Talberg
Fehren-
bach
Bibergrund
Birkenweg
Eselsgrund
Sommer-
berg
Werraquell-
baude
Werraqu.
Simmersbg.
Melsen-
anger
Mühlberg
Zeupels-
berg
759
Kohlberg
705
Schnett
Einsiedel
688
Blassenberg
Thüringer
Tellerhammer
Biber
Lausfleck
Werrateich
Höllengrund
Höh
685
Waffenrod
786
Grendel
Hirsch-
kanzel
Frohn-
berg
Oberwind
Augrund
Heegberg
Eckartsberg
Hinterrod
Rittersberg
Wald
Steinbühl
Burgberg
715
Großenbachsgrund
Hirschgrund
Klingeberg
681
Gehegsberg
Irmelsberg
Hirschendorf
281
Crock
Sachsenbrunn
Werra
EISFELD
4
1:50 000

Neustadt
am Rennsteig
Kl. Suckenbg.
Gr. Suckenbg.
737
Hint. Haube
790
810
Kalbsgeräumde
Altenfeld
Kultur haus
Rotkopf
Kahlert
Kohlhieb
790
Bettelmanns-tal
Goldberg
Teufelsbuche
Decemhieb
Erfurter Stollen
Jungfer
Schlossertanne
Malenbach
Rennweg-kopf
Vord. Arolsberg
723
Kl. Burgbg.
Ober-gabel
Unter-
Kl. Gabelsgrund
Truckentanner Grund
Schmalegrunds-kopf
Schulgrunds-kopf
Tannengrund
Gr. Suckenbach
Schößleinsgrund
Seidelb.
Tannenglasb.
Eselshaupt
Kieslerswand
Haschbachs-kopf
643
Haschbachsgrund
Talsperre Schönbrunn
Schleuse-berg
661
Hohenofenkopf
Sattlershütte
Gr. Sattelgrd.
Kl. Sattelgrd.
Kahr
Neubrunnswand
Rennsteig
Märterskopf
750
Märtersgrund
Zillerstein
Schwefelkopf
769
Lätschenbg.
Laßmannstein
Neubrunnsgrund
Floßteich
Märtersebene
Gießübel
Querenbg.
Tannenleite
756
Sommerberg
Viehhaustal
Tränkental
Schwalben-haupt
Rehbach
Trinius-stein
Porphyrit
Alberts-
Kurts-loch
EB
Frauenwald
Ober-
Thüringer
neubrunner
Wald
Schönbrunn
Oberneubrunn
Holzberg
740
Löffelberg
Nadelöhr
Langertfelsen
Schröder-felsen
Dachsbach
Dachsbach-kanzel
Bührings-hütte
803
Rennsteig
Biber-qu.
Unterneubrunn
Ranzenfleck
Köhlersbg.
Neuntal
Goldener Hirsch
Fehrengrund
Schnetter Berg
Höheberg
789
Hohe Str.
Ziegenruh
Heubach
716
Annsberg
Bibergrund
Birkenweg
Rennsteig-warte
841
Geisbr.
Eselsgrund
Gr. Grilzbach
Spanngiebel
780
Simmersbg.
Schnett
Schafgrund
Talberg
Sommer-berg
Werraquell-baude
Werraqu.
Fehrenbach
Meisenanger

GROSSBREITENBACH
Wiegandsmühle
Pumpe
Grundsmühle
Macholdshieb
Hammertor
Bugtal
Breitenbach
Reischelbach
LSG
Gräfenborn
Hoher Wald
694
Königswald
Kahlswald
Grundstal
Metzenhain
694
Algonkium
Amselbachtal
Steinbach
Ungeheuer
Schwemmbachtal
Oelzer Stieg
671
Leutnantsmühle
Hohewald
600
Scheffelsberg
Oelze
Bemstal
Harztal
Hoheschlaufe
Amselheim
Katzhütte
Rohrhammer
Oelzer Rain
730
Frohnholzhieb
Oelze
Jagdhs.
Pfarrtal
Kesseltal
Kulturhaus
Steinseife
Vord. Singertal
Fleckberg
Hint. Singertal
Bärenfalle
Hammerwand
Schneckental
Kieslerstein
Mahlenbach
Masserwand
Schwarza
Oberhammer
681
Kalte Herberge
Triebholz
Masselal
Masse
Massermühle
Schmidtsfrüsch
Habichtsfrüsch
Reichenbach
Reichenbachteich
Kantormühle
Masse
Bonzenberg
Hasplseifenbg.
Jagdschirm
geräumde
Tischersmühle
813
Allee
Hint.
Vord.
Schmiedebacher Kopf
Blechhammer
Wald
Wurzelberg
829
Wurzeltiegel
Ramseltalskopf
Raspiseifenkopf
NSG
Kulturhs.
Ronneseifenbach
Königstannenstumpf
Allfrauberg
Masserberg
Rehtal
Ronnseifenberg
Allfraubach
Ascherbeetskamm
743
Allfrauteich
Jungferbornskopf
Goldisthal
Dunkeltal
Günthertannenstumpf
Steinigte Qu.
Kohlitschberg
Moosbergebene
Rotseifenberg
867
Gr. Farmdenkopf
Jungfraubach
Butterkaspertiegel
Neuhammer
Moostiegel
Scheibenberg
Dreiherrenstein
Goldborn
737
Heidehütte
Goldsberg
Todtenkopf
Saubach
ehem. Jungfrauteich
Löschleitenberg
Pechseifenberg
Görbitztiegelsberg
Gr. Gräftiegel
Gräftiegelsberg
Rennsteig
Kl. Sauberg
Langebach
Scheibe-Alsbach
NSG
1:50 000

Katzhütte
Massermühle
Schmidts-
Habichts-
früsch
Kantormühle
Masse
Schwalben-
haupt
Tränkenf.
Gießübel
Trinius-
stein
Bonzenberg
geräumde
Haspi-
seifenbg.
Tischers-
mühle
Kurts-
loch
Albertsloch
Allee
Hint.
Vord.
Schmiede-
bacher
Kopf
Blech-
hammer
Langerfelsen
Ramseltals-
kopf
Raspiseifen
kopf
Bührings-
hütte
Kulturhs.
Rennsteig
803
Masserberg
Rehlal
Ronn-
seifen-
berg
Biber-
qu.
Ascherbeelskamm
Fehrengrund
Dunkeltal
Goldisthal
Steinigte
Qu.
Rennsteig-
warte
Kohlitschberg
Moosbergeben
Rot-
seifen-
berg
867
841
Birkenweg
Eselsberg
Gr. Farmden-
kopf
Bibergrund
Geisbrunnen
Neuhammer
Gold-
born
737
Thüringer
Heide-
hütte
Eselsgrund
Dreiherren-
stein
Goldsberg
Pechseifen-
berg
Sommer-
berg
Todtenkopf
Saubach
Werraquell-
baude
Werraquelle
Gräftiegels-
berg
Rennsteig
Kl. Sauberg
Langebach
Fehrenbach
Meisen-
anger
Zeupels-
berg
Eisfelder
Ausspanne
F. Gräftiegel
Schwarza
Weiß-
berg
Gr. Langebachs-
berg
Rambachs
berg
759
Weißgrund
Gr. Sauberg
Meistersgrund
Werrateich
Jägerhäuschen
Teichkopf
Rennsteig
Saar-
berg
Hirsch-
kanzel
Gemarstein
EB
Frohn-
berg
839
Friedrichshöhe
Pechleite
Schweinsberg
Hühnerberg
Soldaten-
gräber
Werra
Tiefenbach
Schachtelgrund
Rattels
berg
Heuberg
Henzelsgrund
Großenbachsgrund
Pechgrund
Rüttelsberg
748
821
Reißberg
Steinberg
Arolsbachgrund
Sophienau
Sophien
Grund
Saargrund
281
Höllrangen
Schwarzen-
brunn
Saar
Bürgerleite
Schmiede
Sachsenbrunn

Katzhütte
F. Wulst
Mittelbachsheide
Reichenbachteich
L S G
Jagdschirm
813
Lindigkopf
739
Franzosengrab
Schloß-hügel
Würzel-berg NSG
829
Dörriger Busch
Unt. Mittel-berg
Hauptweg
Königstannen-stumpf
Altfrau-berg
776
Vord. Mittel-berg
Hint. Mittel-berg
743
Jungfer-bornskopf
Jagdhaus Lindig
Ascherbach
Günthertannen-stumpf
Bären-bachs-berg
NEUHAUS a. R.
Herrnberg
Rennsteigbaude
BERNHARDSTAL
Stern
Scheiben-berg
Höllenteich
W a l d
Löschleiten-berg
Habichts-berg
Rennsteig
281
Wachters Teich
Görbitzliegels-berg
Reifweg
849
Glückstal
Mittelberg
NSG
Scheibe-
Rollkopf
Gr. Zigeuner-berg
819
Rasthaus a. Stausee
Stausee
Schwarza-quelle
Eisenberg
853
Hilperts-blick
Diebskamm
735
Bilbertsleite
Steinach
Unt. Alsbachberg
785
-Alsbach
Bunt-sand-stein
Bilbertsquelle
Sandberg
Brehmswiese
Ob. Alsbach-berg
Görlitz
Ebermanns-mühle
Zinswiese
Nahe-
Dreiherrn-stein
Limbach
819
Petersberg
Rennsteig
Dreistrom-stein
Hiften-berg
kehr
Kieferle
868
Steinheid
Görlitzgrund
Siegmundsburg
Saarquelle
861
Dürre Fichte
Bärenbach
Hohewart
Klaren
837
Mühltiegel
Heuhügel
Neumannsgrund
Schleifegrund
Erzberg
811
Kerben
1:50 000

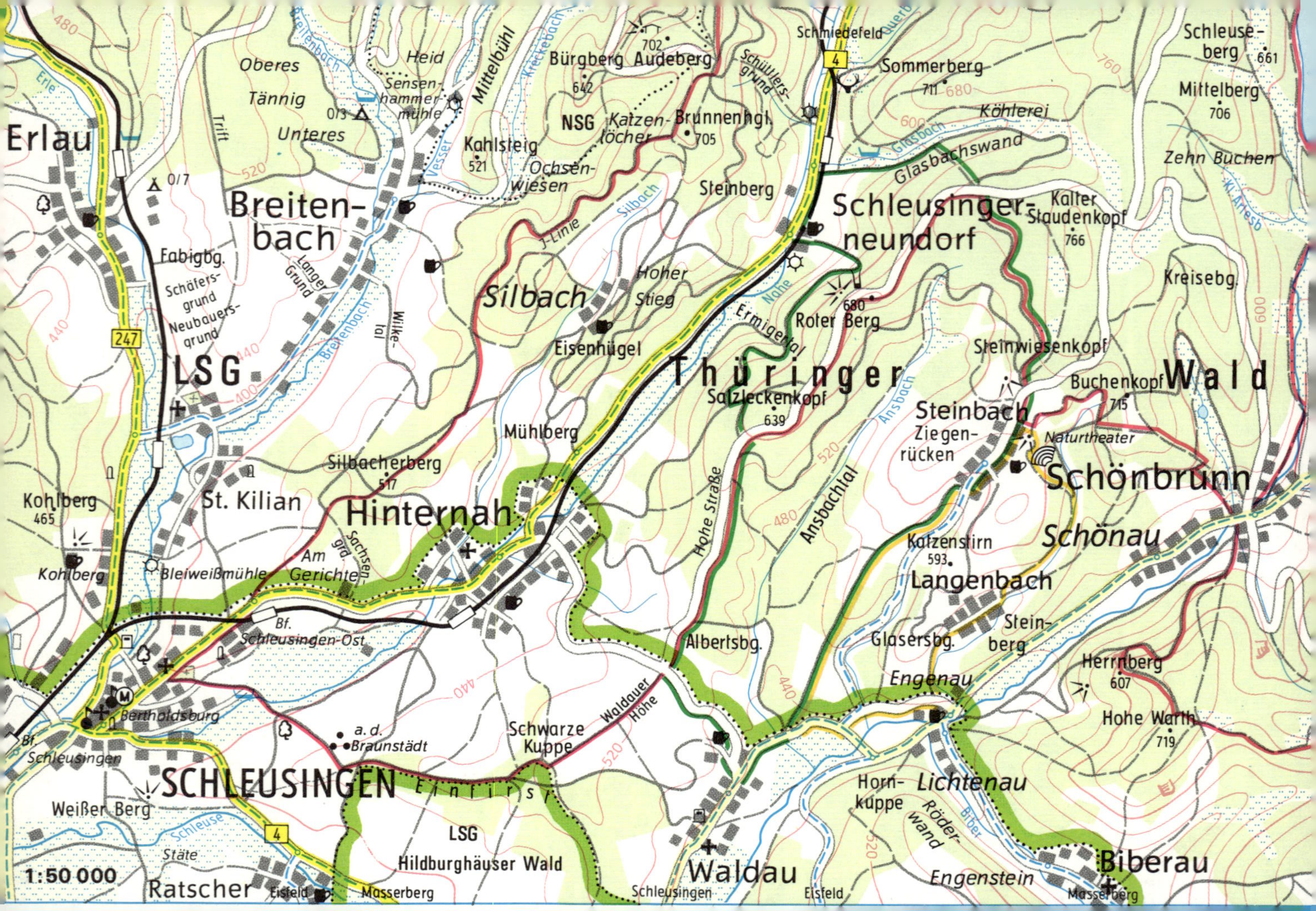
Erlau
Oberes
Tännig
Unteres
Trift
Heid
Sensen-
hammer-
mühle
Mittelbühl
Bürgberg
642
Audeberg
702
Schmiedefeld
Schüttlers-
grund
Sommerberg
711
Schleuse-
berg
661
Mittelberg
706
Köhlerei
Zehn Buchen
NSG
Katzen-
löcher
Brunnenhgl.
705
Kahlsteig
521
Ochsen-
wiesen
Glasbachswand
Glasbach
Steinberg
Breiten-
bach
Fabigbg.
Schäfers-
grund
Neubauers-
grund
Langer
Grund
Breitenbach
Wilke-
tal
Silbach
J-Linie
Hoher
Stieg
Eisenhügel
Schleusinger-
neundorf
Kalter
Staudenkopf
766
Kreisebg.
Roter Berg
680
Ermigertal
Nahe
Thüringer Wald
Salzleckenkopf
639
Steinwiesenkopf
Buchenkopf
715
Steinbach
Ziegen-
rücken
Naturtheater
Schönbrunn
Schönau
Ansbach
Ansbachtal
Hohe Straße
LSG
Mühlberg
Silbacherberg
517
Hinternah
Sachsen-
grd.
Am
Gerichte
St. Kilian
Kohlberg
465
Kohlberg
Bleiweißmühle
Bf.
Schleusingen-Ost
Katzenstirn
593
Langenbach
Stein-
berg
Glasersbg.
Herrnberg
607
Hohe Warth
719
Albertsbg.
Engenau
Bertholdsburg
Bf.
Schleusingen
a. d.
Braunstädt
Schwarze
Kuppe
Waldauer
Höhe
SCHLEUSINGEN
Einfirst
Weißer Berg
Schleuse
Städe
LSG
Hildburghäuser Wald
Horn-
kuppe
Lichtenau
Röder-
wand
Biber
Biberau
Engenstein
Waldau
1:50 000
Ratscher
Eisfeld
Masserberg
Schleusingen
Eisfeld
Masserberg
247
4
4